신문 사설과 컬럼으로 보는
2024년의 이슈들 ①

신문 사설과 칼럼으로 보는
2024년의 이슈들 ①

초판 1쇄 발행 2024년 7월 10일
지은이 | 최홍수
펴낸곳 | 사설닷컴
전화 | 010-7498-5559
팩스 | 031-906-7539
메일 | hsyjjw@hanmail.net
주소 | 경기도 고양시 일산동구 강촌로 191
ISBN | 979-11-85203-29-4 (43700)

* 잘못 만들어진 책은 구입처에서 교환 가능합니다.

신문 사설과 컬럼으로 보는

2024년의 이슈들 ①

최홍수 지음

사설닷컴

머리말

2024년도 절반이 지났습니다. 상반기(上半期)에는 4년마다 실시되는 22대 국회의원 선거가 있었습니다. 국민은 여당에 회초리를 가했습니다. 여당의 참패로 끝난 국회의원 선거였습니다. '조국혁신당'이라는 신생 정당이 원내진입하면서 야권에 힘을 보태게 되었습니다. 북한에서 날아온 오물 풍선도 우리를 놀라게 했습니다.

신문 사설과 칼럼으로 보는 《2024년의 이슈들①》을 출간하게 되었습니다. 예전처럼 사회, 정치, 경제, 교육, 북한, 역사, 환경, 국제, 기타의 장(章)으로 구성되었습니다만 이번에는 '음식'이라는 장(chapter)이 새롭습니다. 여기에는 '밥보다 고기'와 '개 식용 금지'가 실려 있습니다. 우리 주변에는 우후죽순(雨後竹筍)격으로 'Gym'이라는 헬스장이 생겨납니다. 다이어트 관련 산업은 불경기가 없다고 합니다. 밥보다 고기를 선호하는 이유도 이와 무관하지 않다고 봅니다.

'사회'에서는 모두가 겪는 비행 공포증, 육아와 관련한 할아버지·할머니들의 헌신, 비혼을 선언하면서 축의금을 달라는 현실을 환난상휼(患難相恤)과 관련하여 풀어보았습니다. 자살률 세계 1위를 기록한 우리의 현실에서 가장 우울한 나라로 지목된 대한민국을, 우리 사회의 고령화와도 맞물린 안락사를, 이젠 먼 이야기가 된 'Adieu COVID-19'를 다루었습니다.

'정치'에서는 정국의 현안인 '채 상병 특검'과 관련한 대통령의 거부권을 설명하였고, 국고(國庫)에서 지원하는 정당보조금의 성격, 선거에 관한 여론조사 블랙아웃의 타당성 여부, 상대방의 죽음은 나의 행복이라는 검투사 정치, 헌법 개정, 선거를 앞두고 정치적 중립성 시비를 불러올 수 있는 대통령의 지방 행차를 다루었습니다.

'교육'에서는 손흥민의 부친 손웅정씨의 교육 철학에 관한 내용이 있습니다. 부전자전(父傳子傳)이라는 말이 어울리지 않나 생각합니다. 대학입학의 우회로가 된 검정고시, 지방 유학 시대를 맞이하여 유학(留學)과 유학(遊學)을 설명하였습니다.

'북한'과 관련해서는 오물 풍선이 화제가 되었습니다. 오물 풍선과 유사한 심리전의 역사는 오래되었습니다. AI가 운위(云謂)되는 시기에 오물이라니 지저분한 생각이 듭니다만 북한의 오물 풍선이 날아오게 만든 방아쇠(trigger) 역할은 누가 했는지 생각해 볼 필요가 있습니다. 영어에서 많이 쓰이는 'tit-for-tat'이 생각났습니다.

'기타'에서는 최근 뉴스의 초점이 되었던 세기의 이혼판결인 SK 최태원 회장과 노태우 대통령의 딸인 노소영 관장의 이혼을 다루었습니다. 개인의 사생활이기도 하지만 언론의 주목을 받은 이유는 노태우 대통령의 비자금이 이혼판결에서 언급되었기 때문이었습니다. 비자금이란 정당하지 못한 돈입니다. 한 나라의 대통령이 이에 관련되어 있다면 부끄러운 일이 아닐 수 없습니다. 대한민국 정치의 후진성을 엿보는 한 장면이었습니다.

매년 책을 펼 때마다 최선을 다했는지 자문자답(自問自答)하게 됩니다. 여러분의 사랑으로 벌써 사설닷컴도 13돌을 맞이했습니다. 이 책을 기다리는 독자분을 위하여 언제나 최선을 다하겠습니다. 감사합니다.

2024년 7월 7일
사설닷컴 일동

사설닷컴 소개

매주 2회 최근의 사설과 칼럼을 책과 똑같은 형식으로 편성하여 회원들(주로 논술 선생님, 학교선생님)에게 이메일(e-mail)로 발송하고 있습니다. 책이 다소 시간이 경과한 자료라 시의성(時宜性)이 떨어진다면, 이메일 자료는 현재 시점의 자료이기에 공부하는 학생들의 피부에 직접 와 닿을 것입니다.

- **신청방법** : 전화(010-7498-5559)나 이메일(hsyjjw@hanmail.net)로 신청.
- **신문선정** : 경향, 한겨레, 조선, 중앙, 동아 등 5대 일간지 위주.
- **자료의 종류**
  · 중등용(초등 고학년 가능) : 한자 익힘을 포함하여 소개글과 사설 요약하기.
  · 고등용 : 사설에 대한 소개글과 내용 파악, 그리고 생각하기로 구성.
- **금액** : 전화나 문자로 상담 바람.

추리로 배우는
초성 어휘

1 (고등용)

(중등용)

상 (초등용)

예시) 시험을 잘 쳤다고 생각한 누나는 성적표를 받자 망연자실(茫然自失)했다.
망연자실(茫然自失 : 아득할 망, 그럴 연, 스스로 자, 잃을 실) : 멍하니 (ㅈㅅ)을 잃음.

예시) 어릴 때부터 (ㅊㅂㄹ)로 소문이 난 삼촌은 결국 학자가 되었다.
지나치게 책을 읽거나 공부하는 데만 열중하는 사람을 놀림조로 이르는 말.

••• 이 책의 특징 •••

한자어, 순우리말, 한자성어 그리고 속담으로 분류하다!

1단계: 문장을 통하여 괄호 안의 초성을 완성할 수 있도록 퀴즈 형식으로 구성
2단계: 1단계를 역으로 구성, 뜻을 통하여 단어를 생각할 수 있도록 구성
3단계: 1, 2단계에서 익힌 어휘를 한자로 읽을 수 있도록 구성

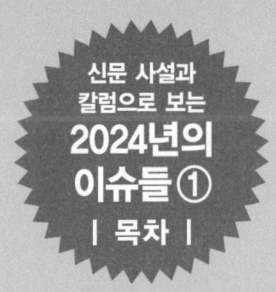

신문 사설과 칼럼으로 보는 2024년의 이슈들 ①
| 목차 |

머리말 | 4
사설닷컴 소개 | 6

Chapter 01 사회

- **명분과 실리** | 승진 거부권 | 14
- **사적 제재와 린치(lynch)** | 위험한 사적제재 | 19
- **환난상휼과 축의금** | "비혼 선언하면 축의금 달라" | 23
- **육아의 공동부담** | 할마 할빠들의 육아휴직 | 27
- **직업공무원제와 엽관제** | 민간 취업하려고 심사받는 공무원만 年 1000명 | 32
- **매슬로의 안전 욕구** | 혹시 나도 비행 공포증? | 37
- **메멘토 모리(Memento Mori)** | "손잡고 떠납니다" 네덜란드 前 총리 부부의 동반 안락사 | 42
- **이스털린의 역설** | 가장 우울한 나라 | 47
- **족내혼(근친혼)** | 5촌부터 결혼 허용 검토, 그 근거는 | 51
- **Adieu COVID-19** | 1441일 만에 문 닫은 코로나 선별진료소 | 56

Chapter 02 음식

- **탄수화물과 단백질** | 밥보다 고기 | 62
- **문화 상대주의와 보신탕** | 개 식용 금지 | 66

Chapter 03 정치

- **법률안 재의결과 특검** | 윤 대통령 채 상병 특검 거부, 국민과 맞서는 권력사유화다 | 72
- **부분으로의 정당** | 정당 보조금 | 77
- **헌법 제정과 개정** | 여야서 분출하는 개헌론, 22대 국회 개헌특위서 풀어가길 | 81
- **대통령의 정치적 중립** | 해도 너무한 선거용 지방행차, 이런 '귀틀막 대통령' 없었다 | 85
- **밴드왜건과 언더독 효과** | 선거여론조사 블랙아웃 | 90
- **혼합형(다수제 방식과 비례대표제 방식)** | 야구배트보다 긴 비례대표 투표용지 | 94
- **Lame duck** | '검투사 정치' | 99

Chapter 04 경제

- **전세와 임차** | 전세사기 '법정 최고형' | 106
- **역선택과 도덕적 해이** | 보험사기 1조원 | 110

Chapter 05 교육

- **솔선수범** | 손웅정씨의 '교육 철학' | 116
- **만학도와 검정고시** | '대입 우회로' 된 검정고시, 10대 응시생 역대 최대 | 120
- **유학(留學)과 유학(遊學)** | 지방 유학 시대 | 125

Chapter 06 북한

- **지피지기, 백전불태** | 후계자 김주애? | 130
- **tit-for-tat** | 대북 확성기 6년 만의 재개 수순… 北 '오물 풍선' 도발이 자초 | 135
- 오물 풍선 갈등이 '9·19 군사합의' 다 허물 일인가 | 136

Chapter 07 역사

- **앙시앵 레짐** | 마리 앙투아네트 | 144
- **일본 우익의 망동(妄動)** | 한일 우호 상징 '군마현 조선인 추도비' 20년 만에 철거 | 148

Chapter 08 환경

- **blue belt와 green belt** | '20년 만에 그린벨트 화끈하게 푼다'… 왜 지금? | 154
- **Agflation** | 기후 인플레이션 | 159

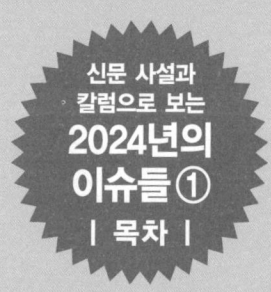

Chapter 09 🎓 국제

- **관타나모와 쿠바** | 193번째 수교국 | 166
- **나를 파괴할 수 있는 권리와 금연** | "2009년생부터 평생 담배 못 사" 英 초강력 금연법 논란 | 171
- **종교 국가와 세속 국가** | '이슬람 금주 족쇄' 푼 사우디 | 176
- **북유럽의 스웨덴** | 210년 중립국 스웨덴의 나토 가입 | 181

Chapter 10 🎓 기타

- **경기북도와 경기남도** | 경기 분도(分道) | 188
- **홍세화의 똘레랑스와 신경림의 농무** | 소박한 자유인 홍세화 | 193
  민중의 벗, 신경림 | 194
- **권력과 금력의 결합과 이혼** | '1조3800억 재산분할+20억 위자료'… 한국 역대 최대 이혼 | 201

외대보카 시리즈

지금까지 이런 영어 단어 퍼레이드는 없었다!
영어 공부에 진심인 학습자를 위한 책, 외대보카!

| 지금까지 이런 영어 단어 퍼레이드는 없었다! |
| 영어 공부에 진심인 학습자를 위한 책 |

외대보카
시리즈

외신으로 본 대한민국의 VOCABULARY 1

최홍수 지음

사람in

| 〈뉴욕타임스〉〈타임〉 등 최신 영어 | 헷갈리기 쉬운 단어의 알파벳별 모음 | 영어로 읽는 시사 상식 | 어근을 통한 영어 공부 |

신문 사설과
칼럼으로 보는
**2024년의
이슈들 ①**

Chapter 01

사회

01

승진 거부권

HD현대중공업 노조가 올해 임금 및 단체협약에 '승진 거부권'을 요구 조건에 넣었다고 한다. '승진 거부권'이란 승진해서 노조를 탈퇴해야 하는 직급이 될 때 승진을 거부하고 노조원으로 남아있을 수 있게 선택권을 달라는 것이다. 정년을 보장받는 노조원으로 회사를 오래 다니겠다는 의도다.

▶국내에서도 인기를 끈 일본 만화영화 '짱구는 못 말려'에서 주인공 5세아 짱구의 아빠는 중견 기업의 만년 계장이다. 직장생활 15년 차인데 과장 승진도 못 하고 계장에 머물러 있다. 1990년대 초반에 등장한 이 만화영화는 일본 경제 거품이 꺼지면서 '만년 과장'이 늘고, 승진보다 가족의 가치를 중시하는 사회상을 반영하면서 공감을 얻었다. '잃어버린 30년'의 장기 불황을 겪으면서 일본 기업들은 비용 절감을 위해 구조조정을 단행했다. 좁아진 승진 기회에, '만년 과장'으로 사는 아빠들이 대폭 늘었다.

▶공기업 한국전력에서는 승진 시험을 치르지 않고 만년 과장으로 퇴직하는 경우가 꽤 있다고 한다. 승진 시험에 합격하면 '차장'으로 승진해 대략 2년마다 전국의 지사를 옮겨다니는 순환 근무를 해야 한다. 차장이 된 후 부장으로 승진한다는 보장이 있는 것도 아니다. 그럴 바에야 가족과 떨어져 지내지 않아도 되는 만년 과장이 낫다는 것이다. 자발적 '승진 거부'다.

▶100대 기업에서 임원이 될 경쟁률은 120대1에 달한다. 상위 253개 기업의 임원 평균 나이는 53.2세. 서른 즈음에 입사해 100여 명 동기와의 경쟁을 뚫고 성공하면 53세에 임원이 된다는 얘기다. 임원은 '샐러리맨의 별'로 불렸는데 요즘은 '임시 직원의 줄인 말'이라는 자조가 확산되고 있다. 임원은 정년 보장이 안 되는 계약직이다. 근로기준법상 주 52시간 근무제 적용 대상도 아니다. 법 개정으로 2016년 정년이 55세에서 60세로 높아졌는데 임원의 평균 연령은 10년 새 1.5세만 높아졌다. 임원은 길어야 50대 중반, 빠르면 40대에도 회사를 떠난다. 정년 채우면서 회사에 오래 남아있는 것이 금전적으로 더 이득일 수 있다.

사회

▶중장년 세대는 고령화 시대에 '가늘고 길게' 회사를 다니려고 승진보다 '60세 정년'을 선호한다. 한 구직사이트 조사에 따르면 20~30대 직원은 절반 넘게(55%) '승진 생각 없다'고 했다. 기업이 직원에게 써온 대표적 '당근'이 승진인데 요즘 젊은 세대엔 그 효과가 점점 떨어진다. 변화한 세태와 가치관에, 기업들의 인사제도가 근본부터 달라져야 할 것 같다.

출처 : 2024년 6월 12일, 조선일보(만물상)

I. 칼럼 소개

연지(벼루의 앞쪽에 오목하게 팬 곳)에 고인 묵즙(벼루에 먹을 갈아 만든 검은 물)에도 살얼음이 잡혔다. 최명길은 곱은 손을 비볐다. 붓끝의 얼음을 털어 내고 다시 묵즙을 찍어서 최명길은 써나갔다. 붓끝이 자주 굳었고, 글은 더디게 나아갔다.

황제께서 끝내 노여움을 거두지 아니하시고 군사의 힘으로 다스리신다면 소방(小邦, 국력이 약하거나 국토가 작은 나라. 여기서는 조선을 가리킴)은 말길이 끊어지고 기력이 다하여 스스로 갇혀서 죽을 수밖에 없으니, 천명을 이미 받들어 운영하시는 황제께서 시체로 가득 찬 이 작은 성을 취하신들 그것을 어찌 패왕의 사업이라 하겠나이까. 황제의 깃발 아래 만물이 소생하고 스스로 자라서 아름다워지는 것일진대, 황제의 품에 들고자 하는 소방이 황제의 깃발을 가까이 바라보면서 이 돌담 안에서 말라 죽는다면 그 또한 황제의 근심이 아니겠나이까. 하늘과 사람이 함께 귀의하는 곳에 소방 또한 의지하려 하오니 길을 열어주시옵소서……

김상헌이 앞으로 나왔다.
…전하, 뜻을 빼앗기면 모든 것을 빼앗길 터인데, 이 문서가 과연 살자는 문서이옵니까?

01

임금은 대답하지 않았다. 김상헌이 다시 임금을 다그쳤다.
…전하, 이제 칸을 황극으로 칭하였으니 문서가 적에게 가면 전하는 칸의 신하가 되고, 신들은 칸의 말잡이가 되며, 백성들은 칸의 종이 되는 것이옵니까?

임금은 대답하지 않았다. 김상헌이 다시 말했다.
…적이 비록 성을 에워쌌다 하나 아직도 고을마다 백성들이 살아 있고 또 의지할 만한 성벽이 있으며, 전하의 군병들이 죽기로 성첩(城堞. 성 위에 낮게 쌓은 담)을 지키고 있으니 어찌 회복할 길이 없겠습니까. 전하 명길을 멀리 내치시고 근본에 기대어 살 길을 열어나가소서.

최명길이 말했다.
…상헌은 제 자신에게 맞는 말을 하고 있는 것이옵니다. 이제 적들이 성벽을 넘어 들어오면 세상은 기약할 수 없을 것이온데, 상헌이 말하는 근본은 태평한 세월의 것이옵니다. 세상이 모두 불타고 풀밭에도 아름다운 꽃은 피어날 터인데, 그 꽃은 반드시 상헌의 넋일 것입니다. 상헌은 과연 백이이오나, 신은 아직 무너지지 않은 초라한 세상에서 만고의 역적이 되고자 하옵니다. 전하의 성단으로, 신의 문서를 칸에게 보내주소서.

김상헌이 두 손으로 머리를 싸쥐고 소리쳤다.
…전하, 명길의 문서는 글이 아니옵고…

최명길이 김상헌의 말을 막았다.
…그러하옵니다. 전하, 신의 문서는 글이 아니옵고 길이옵니다. 전하께서 밟고 걸어가셔야 할 길바닥이옵니다.

이상은 병자호란 당시를 소설화한 남한산성(김훈)의 일부입니다. 김상헌과 최명길, 두 사람은 각각 척화파와 주화파의 핵심 인물로 김상헌은 결사항전, 최명길은 항복을 주장했습니다. 사실 두 사람 모두 나라를 위하는 우국충정은 같았습니다. 다만 성리학적 명분론을 신봉하는 철저한 원칙주의자이던 김상헌은 오랑캐에게 항복하여 예의가 무너지면 나라가 망하는 것과 다름이 없다고 여겼고, 명분을 좇되 현실에 따라 변통하는 유연성을 중시하던 최명길은 일단 나라를

사회

보존하고 나서야 명분과 의리도 찾을 수 있는 것이라 여겼습니다.

직장생활에서 승진은 물의 흐름처럼 자연스러운 현상입니다. 승진은 역량의 성장에 비례한 조직의 반응입니다. 승진에는 경제적인 대가도 따라왔습니다. 자본주의의 중앙에 자리한 우리로서는 경제적인 대가도 무시할 수 없는 요인입니다. 승진거부권이 오늘의 주제입니다. 과거에는 상상도 할 수 없었습니다. 승진하여 일찍 퇴사하는 것보다 오래 근무하겠다는 오늘날의 조직 풍토를 말하고 있습니다. 승진을 못해 체면(體面)이 구겨져도 경제적인 이익이라는 실리를 챙기겠다는 조직 분위기가 오늘의 주제입니다. 이 자리에 최명길과 김상헌이 있었다면, 최명길은 경제적 실리를, 김상헌은 승진을 택했을 것 같습니다.

Ⅱ. 단어 및 한자 익힘

- 노조 : 노동 조건의 개선(改善) 및 노동자의 사회적·경제적인 지위 향상을 목적으로 노동자가 조직한 단체. '노동조합'과 같은 말.
  예시) **勞組**에 가입했다는 이유로 사용자측의 미움을 받곤 했다.
  無勞組 : 無(없을 무) 勞(일할 노) 組(짤 조)

- 단체협약 : 노동조합과 사용자 또는 사용자 단체 사이에 체결하는 자치적인 법규.
  예시) 올해 **團體協約**에서 임금을 5% 올리기로 했다.
  團體協約 : 團(둥글 단) 體(몸 체) 協(화합할 협) 約(맺을 약)

- 정년 : 관청이나 학교, 회사 따위에 근무하는 공무원이나 직원이 직장에서 물러나도록 정하여져 있는 나이.
  예시) **停年**을 앞둔 나이에 새로운 직업을 선택했다.
  停年 : 停(머무를 정) 年(해 년)

- 만년 : 나이가 들어 늙어 가는 시기.
  예시) 이번에 나오는 작품은 **晩年**에 그린 것들이다.
  晩年 : 晩(늦을 만) 年(year 년)

- 임원 : 어떤 단체에 소속하여 그 단체의 중요한 일을 맡아보는 사람.
  예시) 직장인들은 대부분 **任員**을 목표로 직장 생활한다.
  任員 : 任(맡을 임, 맞길 임) 員(인원 원)

- 자조 : 자기를 비웃음.
  예시) 씁쓰레 웃는 그의 입가에 **自嘲**의 빛이 스쳤다.
  自嘲 : 自(스스로 자) 嘲(비웃을 조)

- 당근과 채찍 : 사람을 다룰 때 필요한 상과 벌, 회유와 위협 따위를 이르는 말.
  예시) 아이를 달래기만 해선 안되고, **당근과 채찍**을 적절히 써야 한다.

Ⅲ. 생각하기

실리(實利)와 명분(名分)이 일치하면 가장 이상적이겠지만 서로의 가치가 다르기에 갈등할 때가 많습니다. 오늘의 주제에서 만년 계장을 선택하면 삶에 대해 소극적인 것 같고, 승진을 택하면 세상을 겁 없이 덤빈다는 느낌도 지울 수 없어 보입니다. 그래서 삶이란 단순하지가 않습니다.

위험한 사적제재

넷플릭스 시리즈 〈살인자ㅇ난감〉의 이탕이 살인을 저지른 대상은 그에 의하면 모두 '죽여 마땅한 인물'이다. 연쇄살인범, 보험금 때문에 가족을 살해한 자, 장애아를 학대한 부모 등…. 드라마 〈모범택시〉〈비질란테〉 역시 법의 바깥에서 가해자를 응징하는 과정을 다룬 복수극이다. 이 가상의 이야기들이 인기를 끈 것은 가해자들이 보복당하는 결말이 대중에게 쾌감을 안겼기 때문일 것이다.

현실에선 '신상털기'가 대표적 사적 제재로 꼽힌다. 지난해 '부산 돌려차기 사건'이나 '압구정 롤스로이스 사건' 피의자 신상이 유튜버에 의해 공개됐다. 사적 제재는 불거질 때마다 논란이 일면서도 끊이지 않는 '사회현상'이다.

최근 한 유튜버가 '밀양 여중생 성폭행' 사건 가해자들의 신상을 잇달아 폭로했다. 2004년 경남 밀양의 고등학생 44명이 여중생을 1년간 집단 성폭행한 사건인데, 당시 한 명도 형사처벌을 받지 않았다. 이 사건이 다시 관심을 끈 것은 지난 1일 유튜브 채널 '나락 보관소'가 '밀양 성폭행 사건 주동자 ㅇㅇㅇ, 넌 내가 못 찾을 줄 알았나 봐?' 제목의 영상을 올리면서다. 맛집에서 일하는 남성을 시작으로, 이틀 뒤인 3일 외제차 전시장에서 근무하는 남성의 신상을 여과 없이 공개했다. 식당은 '리뷰 테러'가 쇄도하는 바람에 휴업했고, 외제차 전시장 측은 직원을 해고 조치했다는 입장문을 발표했다.

사적 제재는 2차 가해의 우려가 크고, 또 다른 피해자를 양산할 수 있다. '나락 보관소'는 피해자 측 동의를 얻지 않았다고 한다. 가해자의 여자친구로 잘못 지목된 한 네일숍 사장은 법적 대응에 나섰다. 그럴싸한 명분을 내세우지만, 사적 제재의 부작용이 여실히 드러난 셈이다.

무분별한 '사이버 자경단'의 확산을 어떻게 봐야 할까. 사적 제재는 형사사법 시스템에 대한 불신의 결과다. 법이 약자를 위해 제대로 작동하지 않다 보니 개인이 '심판자'로 나서는 것이다. 하지만 법·제도에서 벗어난 사적 응징은 사회 질서를 위협한다. 고대 법전

01

> 에 나오는 '눈에는 눈, 이에는 이' 원리에 의존하는 삶이 행복할 리 없다. 다만, 가해자들이 응분의 처벌도 받지 않고 발 뻗고 살아가는 세상이 바뀌지 않는 한 사적 제재는 끊이지 않을 것이다.
>
> 출처 : 2024년 6월 7일, 경향신문(여적)

Ⅰ. 칼럼 소개

오늘의 주제는 사적 제재(私的制裁)입니다. 이는 "국가 또는 공공의 권력이나 법률에 의하지 아니하고 개인이나 사적 단체가 범죄자에게 벌을 주는 일"을 말합니다. 주로 범죄를 저질렀음에도 벌을 받지 않거나 벌이 충분하지 못하다고 여긴 경우가 아닐까 싶습니다. 대중이 느끼는 법 감정, 즉 정의감에 미치지 못하는 현실을 개탄하여 사적 제재에 나선 경우일 것입니다. 물론 벌을 받지 않은 경우는 벌을 받도록 사법당국에 신고나 고발이 필요합니다.

사적 제재와 유사한 법적 장치에 자력 구제(自力救濟)라는 것이 있습니다. 이는 자기의 권리를 확보하기 위하여 사법 절차를 따르지 아니하고 스스로의 힘을 사용하는 행위를 말합니다. 사적 제재와 차이는 자력 구제가 당사자가 행한 것이라면 사적 제재는 사건과 직접적인 이해관계가 없는 대중이라는 점일 것입니다.

린치(lynch)라는 말을 우리말처럼 씁니다. 사전에는 "if a crowd of people lynches someone, they kill them, especially by hanging them, without a trial"로 설명하여, 군중이 죄를 지은 사람을 재판없이 목매달아 죽이는 것을 말합니다. 그러나 요즘은 죽임에 이르기 전이라도 사적(私的)인 형벌을 가하는 것을 '린치를 가하다'로 많이 쓰고 있습니다. 오늘의 주제인 사적인 제재가 'lynch'가 아닐까 싶습니다.

자경단(自警團)도 있습니다. 미국의 남북전쟁 이후 남부에서 활동한 악명 높은 자경단으로,

사회

주로 흑인을 대상으로 한 폭력과 테러를 자행한 Ku Klux Klan (KKK)은 자신들의 인종주의적, 정치적 목적을 달성하기 위해 폭력을 사용했습니다. 법이나 제도가 확립되지 않고 질서가 문란한 세상을 무법천지(無法天地)라고 합니다. 무법천지인 세상에서는 강자가 득세(得勢)하기 마련입니다. 자경단이 활개를 치는 것은 무법천지에서가 아닐까 싶습니다.

2004년의 밀양 여중생 집단 성폭행 사건이라면 20년이 지났습니다. 당시 여중생이었다면 지금은 성인입니다. 어떤 의도에서 사적 제재를 가하는 것인지는 모르겠지만, 그 피해 여성에게는 상처가 덧나면서 평온한 일상이 방해받는 것은 아닌지 모르겠습니다. 혹자는 알 권리(權利)를 내세우지만, "① 민주적인 국정 참여를 위하여,② 인격의 자유로운 발현과 인간다운 생활을 확보하기 위하여" 필요한 정보수집권을 의미하는 알 권리가 이에 해당하는지는 잘 모르겠습니다. 알 권리가 인정된다 하더라도 그 피해 당사자의 평온한 일상을 누릴 자격보다 앞서는지는 확신이 서지 않습니다. 그렇지만정의가 서지 않는다면 사적 제재는 늘어만 갈 것 같습니다.

II. 단어 및 한자 익힘

- 응징 : 잘못을 깨우쳐 뉘우치도록 징계함.
  예시) 그의 행위가 자기방어인지 아니면 膺懲의 의도가 있었는지를 판단해야 했다.
  膺懲 : 膺(가슴 응) 懲(징계할 징)

- 신상 : 한 사람의 몸이나 처신, 또는 그의 주변에 관한 일이나 형편.
  예시) 2만4000여 탈북 새터민들의 身上 정보가 비밀이 지켜지느냐가 문제다.
  身上 : 身(몸 신) 上(위 상)

- 여과
  ① 거름종이나 여과기를 써서 액체 속에 들어 있는 침전물이나 입자를 걸러 내는 일.
  예시) 濾過 장치.
  ② 주로 부정적인 요소를 걸러 내는 과정을 비유적으로 이르는 말.

01

　　예시) 우리나라에서는 외국의 수많은 이론이 **濾過** 없이 수용되고 있었다.
　　濾過 : 濾(거를 여) 過(지날 과)

- 양산(1) : 많이 만들어 냄.
  예시) 생산 자동화로 상품의 **量産** 체계가 확립됐다.
  量産 : 量(헤아릴 양) 産(낳을 산)
- *양산(2) : 주로, 여자들이 볕을 가리기 위하여 쓰는 우산 모양의 큰 물건.
  예시) 거리에는 햇볕이 너무 강해 **陽傘**을 펼쳐 든 사람들이 많았다.
  陽傘 : 陽(볕 양) 傘(우산 산)

- 자경단 : 지역 주민들이 도난이나 화재 따위의 재난에 대비하고 스스로를 지키기 위하여 조직한 민간단체.
  예시) 흥분한 군중은 **自警團**을 만들어 칼과 죽봉(竹棒)을 들고 거리를 누비며 한국인이라면 닥치는 대로 학살했다.
  自警團 : 自(스스로 자) 警(깨우칠 경) 團(둥글 단)

Ⅲ. 생각하기

　　법망을 피해간 가해자들에 대한 응징(사적 제재)으로 많은 국민은 통쾌할 것 같습니다. 다만 피해자의 평온한 일상의 파괴는 어떻게 되는지 걱정이 앞섭니다.

"비혼 선언하면 축의금 달라"

결혼 축의금 지출이 많은 5월, 결혼 생각이 없는 사람들은 청첩장을 받고 고민이 많아진다. 받을 일 없는데 꼭 내야 하나. 얼굴 안 볼 사이도 아니니 5만 원만 내고 가지 말까. 요즘은 당당하게 '비혼식'을 열고 축의금을 회수하거나, 비혼 친구가 여행이나 이사 갈 때 결혼한 친구들이 목돈을 모아 축의금 빚을 갚기도 한다. 몇몇 기업은 "비혼이지만 축의금은 받고 싶어" 하는 직원들에게 지원금을 주는데 일명 '비혼 축의금'을 둘러싼 찬반 논란이 뜨겁다.

▷비혼 축의금은 사내 복지와 공정을 중시하는 MZ세대 직원들을 붙들어두기 위해 기업들이 하나둘 도입하기 시작한 제도다. 직원이 결혼하면 유급휴가와 축하금을 주듯 비혼 직원에게도 비슷한 혜택을 주는 것이다. LG유플러스가 비혼 선언 시 결혼 축의금과 같은 기본급 100%와 유급휴가 5일을 주고, 롯데백화점은 40세 이상 직원이 비혼을 선언하면 지원금과 유급휴가 5일을 준다. 최근에는 공공기관으로는 처음으로 IBK기업은행 노조가 이 제도 도입 요구를 준비 중이다.

▷비혼 축의금을 요구하는 쪽에서는 일을 잘해 포상금과 휴가를 주는 것은 괜찮지만 결혼했다는 이유만으로 차별적인 혜택을 주는 것은 부당하다고 본다. 사내 복리후생 제도가 기혼자를 우대하고 있는데, 직원들 대부분이 결혼하고 정년 때까지 다니던 시절엔 문제가 없었지만 요즘은 미혼도 많고 회사도 자주 옮겨 다니므로 시대 변화에 맞게 바뀌어야 한다는 것이다. 동료 직원이 신혼여행이나 출산휴가를 간 동안 빈자리를 메우느라 고생한 비혼 직원들에게 정당한 보상을 하는 차원에서도 지원금이 필요하다는 주장이다.

▷반대쪽에선 경조금이란 결혼하고 아이 낳고 부모님 돌아가시면 힘들고 비용도 드니 주는 것인데 결혼도 출산도 안 하면서 비혼을 선언했다는 이유만으로 축의금을 요구하는 건 경우가 아니라고 따진다. 그런 논리라면 '무자녀 학자금 지원'도 해야 하느냐고 반문한다. 기업으로선 인구 늘려주는 가족이 있어야 존재하므로 결혼하고 아이 낳는 직원을 우대하는 게 당연한데, 민간기업도 아니고 IBK기업은행 같은 공공기관이 비혼 축의

01

금을 주면 저출산을 부추기는 것 아니냐는 논리다.

▷예전에 어느 기업에서는 임직원 자녀가 대학에 가면 축하금을 주는 문제로 특혜 논란이 제기된 적이 있다. 결국 자녀가 대학을 안 가도 비슷한 지원금을 주는 것으로 합의를 봤다. 대학진학률이 높아진 후로는 대학 축하금 놓고 누군 받네 못 받네 하는 일은 사라졌다. 비혼 축의금 논란도 소수였던 비혼 인구가 늘면서 벌어진 일이다. 결혼이든 동거든 젊은 청년들이 축하받으며 짝을 짓고 아이도 낳는 문화가 대세가 돼 비혼 축의금 가지고 입씨름할 일이 없었으면 좋겠다.

출처 : 2024년 5월 24일, 동아일보(횡설수설)

Ⅰ. 칼럼 소개

祝 華婚 어렵겠지만 왼쪽의 글을 읽어보시렵니까? "남의 결혼을 아름답게 이르는 말"인 '화혼'입니다. '축하할 축', '빛날 화', '혼인할 혼'입니다. 결혼을 축하한다는 뜻입니다.

賻儀 이 한자도 읽어보시렵니까? '부의'라고 읽으며 상가(喪家)에 부조(扶助)로 내는 돈이나 물품을 말합니다. '부의 부', '법도 의'입니다. 통상 직장생활에서 직장 동료가 상(喪)을 당하면 '부의'라고 쓴 봉투에 성의껏 돈을 넣고 슬픔을 위로합니다. 부조는 잔칫집이나 상가(喪家) 따위에 돈이나 물건을 보내어 도와줌. 또는 돈 이나 물건을 말합니다.

위의 두 한자는 직장인들에게는 낯설지 않습니다. 경조사(慶弔事)라고 합니다. 경사스러운 일과 불행한 일을 아우르는 말입니다. 돈을 내어 당사자를 축하하고 슬픔을 위로하는 이런 문화를 마치 세금고지서 같다고 경조사 문화에 반기를 드는 사람들도 있지만, 우리 문화로 뿌리내린 지가 오래되어 쉽게 없어지지는 않습니다. 우리는 경제, 사회 모든 분야에서 경쟁을 당연시합니다. 경쟁이 효율적일 때가 있긴 합니다. 그러나 우리의 향약에는 어려운 일이 생겼을 때 서로 도

사회

와야 함을 뜻하는 환난상휼(患難相恤)이라는 상부상조의 생활 기풍이 있습니다.

　결혼은 어려운 일은 아니지만 많은 비용이 요구되는 인륜지대사(人倫之大事)입니다. 그래서 십시일반(十匙一飯)으로 돕는 문화가 생겼을 것입니다. 십시일반은 밥 열 술이 한 그릇이 된다는 뜻으로, 여러 사람이 조금씩 힘을 합하면 한 사람을 돕기 쉬움을 이르는 말입니다. 상을 당할 때도 마찬가지일 것입니다. 갑자기 부모님이 돌아가시면 당사자는 정신을 차리지 못합니다. 이때 주위의 동료나 친지들이 많은 도움을 주기도 합니다. 이런 것을 부조(扶助)문화라고 합니다.

　오늘의 주제는 비혼 축의금입니다. '비혼'은 결혼하지 않음. 또는 그런 사람을 가리킵니다. 과거에는 결혼은 통과의례였습니다. 그러나 이젠 비혼도 하나의 선택지가 되었습니다. 비혼으로 살고자 하는 사람에게 주변에서 일어나는 결혼 때문에 발생하는 결혼 축의금으로 배가 아팠던 모양입니다. 세대 차이는 있을 수 있고, 세상은 바뀝니다만 모든 것을 이해타산으로 살아가는 젊은 세대에게 실망하는 기성세대도 있을 것입니다. 인구감소로 대한민국이 존폐 위기에 처한다는 소리도 들리는 상황에서 비혼을 결정한 사람들에게 축의금을 준다는 소식을 반가워할 사람은 많지 않을 듯합니다. 여러분은 어떻게 생각하세요?

II. 단어 및 한자 익힘

- 비혼 : 미혼이 '혼인은 원래 해야 하는 것이나 아직 하지 않은 것'의 의미를 일컫는 경향이 크다고 하여 '혼인 상태가 아님'이라는 보다 주체적인 의미로 여성학계에서 사용하고 있는 어휘임. 결혼하지 않음. 또는 그런 사람.
  예시) 非婚 인구의 증가가 인구감소에 기여하는 부분도 있을 것이다.
  非婚 : 非(아닐 비) 婚(혼인할 혼)

- 축의금 : 축하하는 뜻을 나타내기 위하여 내는 돈.
  예시) 아버지는 祝儀金으로 얼마를 해야 하실지를 고민하셨다.
  祝儀金 : 祝(축하 축) 儀(법도 의) 金(금 금)

01

- 청첩장 : 결혼 따위의 좋은 일에 남을 초청하는 글을 적은 것.
  예시) 요즘은 종이 청첩장보다 모바일 **請牒狀**을 많이 사용한다.
  請牒狀 : 請(청할 청) 牒(편지 첩) 狀(문서 장)

- 사내 : 회사의 안.
  예시) 누나는 **社內**에서 결혼 상대를 찾았다.
  社內 : 社(모일 사) 內(안 내)

- 반문 : 물음에 대답하지 아니하고 되받아 물음. 또는 그 물음.
  예시) 선생님의 질문에 아이들은 **反問**하면서 시끄러웠다.
  反問 : 反(돌이킬 반) 問(물을 문)

III. 생각하기

비혼을 선택지로 인정한다 하더라도 비혼 결정이 축하할 일인가요? 선뜻 이해가 가지는 않습니다. 혹자는 아이를 낳아 길러보아야 진정 어른이 된다고 합니다.

사회

할마 할빠들의 육아휴직

맞벌이 가정에 조부모는 든든한 육아 지원군이다. 집 근처에 아이들 할머니가 사는 경우 엄마의 노동시장 참여율이 4~10%포인트 상승하고, 외할머니와 함께 살면 아이의 생존 확률과 학교에 다니는 비율이 높아진다는 해외 연구도 있다. 영국 주간지 이코노미스트는 지난해 신년호에서 15억 명으로 급증한 전 세계 조부모 인구가 '조부모 시대'를 열며 어린이 복지와 여성의 사회 진출에 긍정적 영향을 줄 것이라고 전망했다.

▷한국에서도 친정엄마가 아이를 봐주면 금수저, 시어머니가 봐주면 은수저라는 '워킹맘 수저론'이 있다. 정부 실태조사에 따르면 워킹맘의 10.5%가 조부모에게 아이를 맡기는 금수저, 은수저들이다. 가구 소득이 월 700만 원이 넘는 고소득층은 그 비율이 13%로 더 높다. 급할 때 잠깐 맡기는 경우까지 포함하면 조부모 의존 비중은 40%까지 올라간다. 손주를 엄마 아빠처럼 돌보는 할마(할머니+엄마)와 할빠(할아버지+아빠)들은 "인생은 80부터"라며 황혼 육아에서 벗어날 날을 고대한다.

▷손주 돌봄 대가로 정기적인 현금을 받는 경우는 40%밖에 안 된다. 정기적으로 받는 경우 월평균 액수는 73만 원. 육아 시간이 하루 평균 6.8시간, 조부모들이 육아에 투입한 노동 가치가 2019년 3조 원을 넘겼다는데 대부분 무료 봉사를 하고 있는 셈이다. 요즘은 지방자치단체들이 조부모 돌봄 수당을 신설하는 추세다. 서울은 생후 24~36개월 아이 한 명은 30만 원, 두 명은 45만 원, 세 명은 60만 원을 준다. 중위소득 150% 이하 가구로 월 40시간 이상 아이를 돌보는 조건이다.

▷조부모에게 육아휴직을 주는 나라도 있다. 호주의 조부모 육아휴직은 무급인데 주 보호자인 경우엔 양육비도 지원한다. 헝가리는 육아휴직을 쓰는 조부모에게 월 123만 원을 준다. 핀란드는 부모가 돌볼 수 없는 경우 육아휴직 급여를 실제 아이를 보는 사람에게 지급한다. 일본은 기업과 지자체별로 조부모 육아휴직제를 운영하는 사례가 늘고 있다. 최근엔 우리 정부도 조손 가정이나 아이가 부모와 떨어져 조부모 집에서 크는 경우에 한해 조부모 육아휴직제 도입을 검토 중이라는 보도가 나왔다.

01

▷조부모 육아 수당은 다들 찬성하는데 육아휴직제에 대해선 조부모의 희생을 당연시하는 것 아니냐며 여론이 갈린다. 황혼 육아를 하면 인지 기능과 삶의 만족도는 높아지는 반면 손목 허리 무릎 관절이 모두 아픈 '손주병'으로 병원은 자주 가게 된다고 한다. 부모만 쓸 수 있도록 돼 있는 육아휴직 제도를 <u>유연화</u>할 필요는 있겠지만 기본적으로 아이는 부모가 키울 수 있어야 한다. 자식 농사 끝낸 사람에게 자식의 자식 농사까지 지으라 부담을 줄 수는 없다.

출처 : 2024년 3월 12일, 동아일보(횡설수설)

Ⅰ. 칼럼 소개

태어나서 결혼하고, 출산하여 부모가 되고 아이와 더불어 살아가면서 때로는 기쁘기도, 때로는 속상한 일을 겪는 것이 일반적인 삶의 모습이었습니다. 그런데 언젠가부터 또 다른 삶의 모습이 등장하기 시작했습니다. 결혼을 하지 않거나, 아이를 낳지 않는 등의 모습입니다. 물론 우리 사회도 이런 모습을 틀렸다고 하지 않습니다. 그냥 다른 모습일 뿐입니다. 그런데 이를 심각하게 보는 사람들은 대한민국의 소멸(消滅)을 걱정하기도 합니다. 이런 삶의 태도는 천정부지의 집값, 입시전쟁, 대한민국 사회의 치열한 모습에 환멸을 느껴 대물림시키고 싶지 않은 바람에 선택한 결과로 이해하기도 합니다.

부부가 의도적으로 자녀를 두지 않는 맞벌이 부부를 뜻하는 딩크(DINK)는 'Double Income No Kids'의 앞 글자를 따서 만든 말입니다. 딩크족이 우리 사회의 한 트렌드(trend)로 자리를 잡았습니다. 대신 반려동물을 키우는 인구가 급격히 늘었습니다. 유모차에는 아이 대신 반려견(伴侶犬)이 자리를 잡기도 합니다. 아기도 낳고 반려동물도 키우면 좋으련만 세상이 그렇게 단순하지는 않은가 봅니다.

할아버지, 할머니의 유별난 손주 사랑은 동서고금(東西古今)을 구별하지 않습니다. 멀리 떨

사회

어져 살던 조손(祖孫)이 명절에 만나면 서로 좋아서 어쩌지 못합니다. 그런데 그 손주가 부모와 함께 할아버지·할머니와 헤어져야만 할 때는 더 반갑다고 합니다. 손주 돌봄이 그만큼 힘듦을 말하는 것입니다.

흔히들 인간과 짐승의 차이를 새끼를 기를 때 나타난다고 합니다. 아이가 태어나 1년쯤 지난 돌 무렵에 아장아장 걸을 수 있습니다. 반면 송아지는 태어나자마자 비틀비틀 걸을 수 있습니다. 아프리카 속담에 한 아이를 키우기 위해서는 한 마을이 필요하다고 했습니다. 우리에게도 해당되는 속담이라 생각합니다. 때로는 옆집 아줌마, 고모나 이모, 할아버지나 할머니, 고열이 날 때는 119까지 한 아이의 성장에는 알게 모르게 많은 도움이 필요한 법입니다. 물론 그중에는 부모님이 핵심이긴 합니다.

육아는 부모의 책무입니다. 본래 육아는 신체구조 상 여자의 몫이었습니다. 시쳇말로 독박 육아였습니다. 그러다가 남편이자 아기 아빠의 육아휴직도 우리 사회가 받아들이기 시작했습니다. 그런데 육아휴직의 가장 큰 문제는 휴직 후 복직하면서 업무의 연속성이 단절되었던 까닭에 승진이나 기타 면에서 불이익을 당한다는 점입니다.

육아에 사회가 일정 부분 담당해야 할 역할은 없는가 하는 점을 생각할 수 있습니다. 지역사회나 국가가 공동으로 양육하는 지점이 한 극단에 있다면, 다른 극단에는 그 가정에 전적으로 그 책임을 돌리는 지점이 있을 것입니다. 분명 우리 사회의 저출산도 양육의 어려움에 그 원인이 있을 것입니다. 그렇다면 양극단의 중간 어느 지점에서 양육의 부담을 사회와 개인이 나누는 것도 생각해보아야 하지 않을까요? 할아버지와 할머니에게 맡기기에는 너무 가혹하다는 생각이 듭니다.

01

Ⅱ. 단어 및 한자 익힘

- 조부모 : 할아버지와 할머니를 아울러 이르는 말.
  예시) 우리는 명절마다 祖父母 댁에 간다.

  祖父母 : 祖(할아버지 조) 父(아버지 부) 母(어머니 모)

- 신년호 : 잡지, 신문 등의 새해 첫 호.
  예시) ○○ 신문은 新年號 특집으로 올해의 한국인 10명을 발표했다.

  新年號 : 新(new 신) 年(year 년) 號(이름 호)

 * 신년사 : 새해를 맞이하여 하는 공식적인 인사말.
  예시) 김정은은 "북남관계의 역사를 새롭게 써야 한다"며 "최고위급 회담도 못할 이유가 없다"고 新年辭에서 밝혔다.

  新年辭 : 新(new 신) 年(year 년) 辭(말씀 사)

- 황혼
  ① 해가 지고 어스름해질 때. 또는 그때의 어스름한 빛.
  예시) 黃昏에 물들어 가고 있는 하늘은 장관이었다.
  ② 사람의 생애나 나라의 운명 따위가 한창인 고비를 지나 쇠퇴하여 종말에 이른 상태를 비유적으로 이르는 말.
  예시) 누구나 黃昏에 접어들면 죽음을 생각하게 마련이다.

  黃昏 : 黃(누를 황) 昏(어두울 혼)

- 손주 : 손자와 손녀를 아울러 이르는 말.
  예시) 할아버지께서는 요즘 孫주들 보는 재미에 푹 빠졌다.

  孫주 : 孫(손자 손) 주

- 추세 : 어떤 현상이 일정한 방향으로 나아가는 경향.
  예시) 땅값 하락 趨勢가 2년째 계속되고 있다.

  趨勢 : 趨(달아날 추) 勢(형세 세)

사회

- 무급 : 급료가 없음. 즉 돈을 주지 않음.
  예시) 사장은 장사가 안된다고 종업원에게 無給 휴가를 종용한다고 한다.
  無給 : 無(없을 무) 給(줄 급)

- 조손 : 조부모와 손주를 아울러 이르는 말.
  예시) 부모님이 이혼하면서 祖孫 가정이 늘고 있다고 한다.
  祖孫 : 祖(할아버지 조) 孫(손자 손)

- 유연화 : 부드럽고 연하게 됨.
  * 유연성 : 딱딱하지 아니하고 부드러운 성질.
  예시) 북한이 두 가지 조건을 수용한다면 우리도 柔軟性을 발휘해야 한다.
  柔軟性 : 柔(부드러울 유) 軟(연할 연) 性(성품 성)

Ⅲ. 생각하기

할아버지와 할머니의 손자 사랑은 유별나다고 알려져 있습니다. 그런데 아이 돌봄을 그들에게 떠맡기는 것은 바람직해 보이질 않습니다. 부모가 키우면서 미흡한 부분은 정부가, 아니 우리 사회가 책임을 맡아야 하지 않을까 싶습니다. 그래야만 낮은 출생률도 끌어올릴 수 있다고 생각합니다.

01

민간 취업하려고 심사받는 공무원만 年 1000명

일본 정부는 지난해부터 한국의 행정고시에 해당하는 국가공무원 종합직 시험의 응시 연령을 만 19세로 한 살 낮췄다. 또 공무원도 근무시간을 조정해 평일 하루를 쉴 수 있도록 주 4일 근무제를 확대하기로 했다. '일본을 움직이는 꽃'으로 선망받던 공무원의 인기가 수직낙하하자 내놓은 대책이다. 박봉에다 잦은 야근, 상명하복이 당연시되는 공직 사회를 일본 청년들이 기피하면서 공무원 지원자는 10년 새 반 토막 났다고 한다.

▷한국도 별반 다르지 않다. 한때 100 대 1에 육박했던 9급 공무원 시험의 경쟁률은 올해 22 대 1로 32년 만에 가장 낮았다. 출세의 지름길로 통하던 5급 공채(옛 행시) 지원자도 1만여 명에 그쳐 2000년 이후 가장 적었다. 몇 년 전 미국의 한 일간지가 한국의 공시 열풍을 소개하며 "한국에서 공무원이 되는 건 하버드대 입학보다 어렵다"고 했는데 격세지감이다.

▷게다가 어렵게 관문을 통과해 놓고 공직을 내려놓는 이들이 한둘이 아니다. 민간 기업으로 이직하기 위해 정부공직자윤리위원회의 취업 심사를 받는 퇴직 공무원은 해마다 늘어 지난해 1000명에 육박했다. 과거엔 장차관이나 고위 공무원이 임기를 마치고 민간으로 자리를 옮겼다면, 요즘에는 국·과장급 베테랑 공무원에 이어 20, 30대 공무원까지 가세하고 있다. 로스쿨이나 의학전문대학원 진학, 구체적인 취업계획 없는 단순 퇴직 등을 모두 포함하면 지난해 퇴직한 5년 차 미만 공무원은 1만3000명을 웃돈다.

▷엘리트 공무원들이 선호하는 경제·외교부처에서 직원 이탈이 가속화하는 것도 최근 몇 년 새 뚜렷해진 현상이다. 급여나 워라밸 등 근무 조건은 열악한데 인사 적체는 해결될 기미가 없고, 지시는 정권이 내리는데 책임은 공무원이 지는 사례가 잇따르면서 젊은 엘리트 관료들의 사기가 꺾인 결과다. 리더가 될 만한 인재들이 줄줄이 떠나면서 정권의 지시만 충실히 따르는 '영혼 없는 관료'만 남게 될까 봐 걱정이라는 얘기들이 관가 안팎에서 나오는 이유다.

> ▷앞으로 이탈 행렬은 계속될 듯하다. 한국행정연구원의 실태조사에서 중앙 및 지방 공무원 10명 중 4명꼴로 기회가 되면 이직할 의향이 있다고 했다. 9급 공무원 초봉이 올해 처음 3000만 원을 넘기고, 공무원 임금이 민간의 83%인 상황에서 이직 이유로는 '낮은 보수'가 압도적 지지를 받았다. 규제를 만들어내는 '철밥통' 공직 사회보다 도전과 창의력이 강조되는 민간 영역에 인재가 몰려든다는 측면에서 탈(脫)공무원 움직임은 바람직하다고 볼 수도 있다. 하지만 자부심과 꿈을 잃은 젊은 공무원의 엑소더스는 정부 위기의 신호가 아닌지 돌아봐야 한다.
>
> 출처 : 2024년 3월 16일, 동아일보(횡설수설)

Ⅰ. 칼럼 소개

공무원(公務員)은 선거에 의한 선출 또는 법률에 의한 임명 절차에 의하여 특정한 지위에 취임하여 국가영역의 업무를 담당하는 자를 말합니다. 공무원은 국가에 의하여 임용되고 국가기관에서 근무하며 국가로부터 보수를 받고 국가공무원법의 적용을 받는 국가공무원과, 지방자치단체에 의하여 임용되고 지방자치단체에 근무하며 지방자치단체로부터 보수를 받고 지방공무원법의 적용을 받는 지방공무원으로 나누어집니다.

헌법은 제7조 제2항에서 "공무원의 신분과 정치적 중립성은 법률이 정하는 바에 의하여 보장된다"라고 하고 있습니다. 이 조항은 국민주권의 원리에 바탕한 민주적이고 법치국가적인 직업공무원제(職業公務員制)를 보장하는 규정입니다. 직업공무원제는 오로지 공무(公務)에만 종사하는 공무원으로 하여금 공공영역의 업무를 수행하게 하는 제도입니다. 즉, 직업공무원제도는 공공업무를 직업공무원에게 수행케 하되 공무원에 대해 특별한 통제를 가함으로써 공직이 정권쟁취의 전리품이 되는 엽관제(獵官制, spoils system)를 지양하고, 정치세력의 교체에도 불구하고 국가업무를 계속 안정적으로 수행하여 국정운영과 사회통합에 충격을 최소화하고, 국가의 공직제도와 공권력이 현 집권세력의 정권 재창출을 위한 수단이 되는 것을 방지하기 위해 고

01

안된 제도입니다. 덧붙여서 엽관이란 선거에 의하여 정권을 잡은 사람이나 정당이 관직을 지배하는 정치적 관행입니다. 'spoils'를 사전에서는 ① things taken by an army from a defeated enemy, or things taken by thieves과 ② the things that someone gets by being successful로 풀이합니다.

직업공무원제에서의 공무원 이직(移職)이 오늘의 주제입니다. 이직은 직장을 옮기거나 직업을 바꿈을 뜻합니다. 공무원을 안 하겠다거나 중도에 관둔다는 내용의 칼럼입니다. 취업하기 힘든 오늘날의 상황에서 직업공무원제로 신분이 보장되어도 이를 박차고 나가겠다는 공무원이 점점 늘어나는 작금의 상황입니다. 그 원인을 찾아보면 공무원 밖의 세계가 끌어당기는 요인(pull)과 공무원 사회가 밀어내는 요인(push)을 구분해서 알아볼 수 있을 것이며, 경우에 따라서는 'pull 요인'을 뒤집어보면 'push 요인'이 될 것입니다. 끌어당기는 요인으로 공무원의 봉급체계를 웃도는 민간사회의 봉급체계를 맨 먼저 생각할 수 있습니다. 'Money matters'인 사회가 되었습니다.

공무원 사회를 떠나는 사람이 많아지는 것은 좋은 현상은 아닐 것입니다. 공무원은 대한민국을 떠받치는 중추(中樞)입니다. 그 중추가 불안해지면 대한민국이 흔들리는 않을까 두려워집니다. 밖에서 끌어당기는 요인에 대해서는 정부가 어쩔 수가 없다 하더라도 안에서 밀어내는 요소가 적을수록 공무원의 이탈은 다소 진정되지 않을까 싶습니다.

II. 단어 및 한자 익힘

- 선망 : 부러워하여 바람.
  예시) 그녀는 우리 반에서 모든 남학생들의 羨望의 대상이 되었다.
  羨望 : 羨(부러워할 선) 望(바랄 망)

사회

- 수직낙하
  *수직 : 똑바로 드리우는 상태.
  *낙하 : 높은 데서 낮은 데로 떨어짐.
  예시) 낙하산이 펼쳐지지 않아 垂直落下하는 경우도 더러 있다.
  垂直落下 : 垂(드리울 수) 直(곧을 직) 落(떨어질 낙) 下(아래 하)

- 박봉 : 적은 봉급.
  예시) 薄俸에 시달리는 낮은 직급의 공무원이 불법을 저질렀다.
  薄俸 : 薄(엷을 박) 俸(녹봉 봉)

- 상명하복 : 위에서 명령하면 아래에서는 복종한다는 뜻으로, 상하 관계가 분명함을 이르는 말.
  예시) 사회에 진출하는 새로운 세대들은 직장의 上命下服 문화에 반기를 든다.
  上命下服 : 上(위 상) 命(명령 혹은 목숨 명) 下(아래 하) 服(옷 복 혹은 복종하다 복)

- 육박 : 바싹 가까이 다가붙음.
  예시) 10만에 肉薄한 시민이 촛불 집회에 참석했다.
  肉薄 : 肉(고기 육) 薄(엷을 박)

- 격세지감 : 오래지 않은 동안에 몰라보게 변하여 아주 다른 세상이 된 것 같은 느낌.
  예시) 없어서 못 먹던 쌀을 가축들도 먹으니 隔世之感도 이런 隔世之感이 없다.
  隔世之感 : 隔(사이 뜰 격) 世(인간 세) 之(갈 지) 感(느낄 감)

- 관문
  ① 국경이나 요새의 성문(城門).
  ② 어떤 일을 하기 위하여 반드시 거쳐야 하는 대목.
  예시) 월드컵을 진출하기 위해서는 아시아의 關門을 통과해야 한다.
  關門 : 關(관계할 관) 門(문 문)

01

- 이직(移職) : 직장을 옮기거나 직업을 바꿈.
  예시) 그는 한 직장에 오래 다니지 못하고 **移職**이 잦은 편이다.
  移職 : 移(옮길 이) 職(직분 직)
  * 이직(離職) : 직장이나 직업을 그만둠.
  예시) 회사에서는 우수 인재의 **離職**을 막기 위해 최선을 다했다.
  離職 : 離(떠날 이) 職(직분 직)

- 관가 : 관(官)이 모여 있는 거리라는 뜻으로, '관계'를 달리 이르는 말.
  예시) 새 정부가 출범하면서 **官街**에 지각 변동이 예고되고 있다.
  官街 : 官街(거리 가)
  * 관계 : 국가의 각 기관이나 그 관리들의 활동 분야.
  예시) 그는 공부를 열심히 하여 **官界**에 진출하려는 꿈을 가지고 있다.
  官界 : 官(벼슬 관) 界(지경 계)

Ⅲ. 생각하기

공무원을 영어로 'public servant'라고도 합니다. '공공의 하인'으로 번역할 수 있을까요? 우리 사회가 돈을 중심으로 돌아가면서 공공을 위해 일한다는 명분으로 사기업보다 적은 박봉으로 살아가라는 것은 모순인 것 같습니다. 봉급이 적다면 봉급 외의 복지혜택으로 벌충해야 하지 않을까요?

사회

혹시 나도 비행 공포증?

비행기가 활주하는 순간 어떤 이는 설렘과 기대에 부풀지만 어떤 사람은 초조함과 두려움에 휩싸인다. 비행기가 이착륙하거나 난기류를 지날 때 단순한 불안감을 넘어 신체 이상을 초래하는 극심한 불안을 느끼는 게 '비행 공포증'이다. 심장이 심하게 두근거리거나 현기증, 질식감 같은 이상을 느끼고 심하면 기절하거나 심장 발작을 일으키기도 한다. 성인 10명 중 1명이 겪는 흔한 질병이라는데 국내엔 집계된 수치가 없다. 미국에선 2500만 명이 비행 공포증을 앓고 있다고 한다.

▷해외 출장이 잦은 사람이 아니라면 1년에 비행기 탈 일이 몇 번 되지 않아 과소평가되지만 비행 공포증은 일상은 물론이고 직업을 위협할 만큼 문제가 되는 병이다. 해외여행은 고사하고 한 시간 남짓 비행하는 제주도 여행도 망설이게 되고, 심하면 아예 비행기 탑승을 거부한다. 네덜란드 축구의 전설적 공격수 데니스 베르흐캄프는 비행 공포증 때문에 자동차, 배, 기차로 방문 경기를 다녔다. 비행기를 못 타 연봉 협상에서 손해를 보기도 했다. 북한의 김정일이 모스크바를 오갈 때 왕복 24일에 걸쳐 기차를 탄 것도 이 병 때문이라고 한다.

▷비행기 사고는 극히 드물어 걸어 다니는 것보다 안전하다는 말이 있다. 비행기 사고로 사망할 확률은 자동차의 65분의 1, 상업용 비행기 사고로 사망할 확률은 2억 명당 1명 꼴이다. 하지만 비행 공포증을 앓는 사람들은 이를 몰라서가 아니라 사고가 나더라도 내가 대처할 수 없다는 통제의 상실에 더 큰 불안을 느낀다. 폐소 공포증이나 고소 공포증, 공황 장애 같은 불안 장애와 얽혀 있는 경우도 적지 않다.

▷연초부터 일본 하네다공항의 비행기 충돌 사고에 이어 미국에서도 대형 참사로 이어질 뻔한 사고가 나면서 비행기 타기가 두렵다는 이들이 적지 않다. 5일 미국에서 비행 중이던 보잉737 맥스9 항공기 동체에 큰 구멍이 뚫린 사고가 벌어졌다. 다행히 인명 피해는 없었지만 미국 정부는 해당 기종의 운항을 전면 중단시켰다. 맥스 기종은 보잉의 대표적 중·장거리 여객기지만 앞선 맥스8 기종은 두 차례 추락으로 탑승자 전원이 숨지는

01

비극을 겪었다. 이쯤 되면 비행 공포증이 아닌 '보잉 공포증'이 올 판이다.

▷다른 불안 장애와 마찬가지로 비행 공포증도 피하지 않고 약물, 노출 치료 같은 전문 치료를 받는 게 필요하다. 미국, 유럽 항공사들은 오래전부터 공포증을 완화하는 다양한 프로그램을 운영하고 있다. 승객들이 이륙 때 눈을 감고 음악에 맞춰 명상을 하거나 공항에서 개, 토끼 같은 동물을 직접 쓰다듬으며 긴장을 낮추는 식이다. 비행 정보를 입력하면 그동안의 데이터를 기반으로 사고 가능성을 예측해주는 앱도 개발됐다. 국내엔 아직 이런 움직임이 없어 아쉬울 뿐이다.

출처 : 2024년 1월 10일, 동아일보(횡설수설)

Ⅰ. 칼럼 소개

심리학자인 매슬로(Maslow)의 욕망의 5 단계설은 많은 사람들이 인용하고 회자(膾炙)되곤 합니다. 단계라는 말은 낮은 단계의 욕망이 실현되어야 다음 단계로 넘어간다는 뜻입니다. 첫 번째는 가장 기본적이고 원초적인 욕구라고 할 수 있는 생리적(physiological) 욕구입니다. 이는 말 그대로 생명 유지, 종족 보존 등 본능으로 나타나는 식욕·수면욕·배설욕 등 기초적인 욕구를 말하며,'금강산도 식후경(食後景)'은 이를 두고 하는 말일 것입니다. 두 번째는 안전(safety)욕구입니다. 외부로부터 위협받거나 불안함을 느끼지 않도록 안정되고 편안한 삶을 추구하려는 욕구라 할 수 있습니다. 오늘의 주제는 비행 공포증(phobia)입니다. 이는 단순히 고소(高所) 공포증(acrophobia)만을 뜻하는 것이 아니고 고소 공포증과 폐소 공포증(claustrophobia)과 얽혀 있다고 볼 수 있습니다. 물론 비행 공포증은 안전욕구와 직결된다고 볼 수 있습니다.

세 번째는 소속 또는 애정(belong, love) 욕구입니다. 앞서 말한 2개의 욕구와는 달리 타인과의 관계 형성으로부터 비롯되는 욕구로서 집단에 소속되어 사랑받기를 원하는 마음에서부터

사회

출발한다고 볼 수 있습니다. 고등학교를 졸업하고 대학에 들어가면 고등학교 시절만큼 소속감을 느끼지 못한다고 합니다. 대학은 고등학교만큼 챙겨주지 못하기 때문입니다. 네 번째는 존경(esteem) 욕구입니다. 남들로부터 인정받고 싶어하는 명예욕과도 관련이 있습니다. 사회적 지위 상승이라든지 권력 획득 등 자기존중뿐만 아니라 타인으로부터의 존경(尊敬)까지도 포함됩니다. 마지막은 자아실현(self-actualization) 욕구입니다. 한마디로 표현하면 스스로 만족할 만한 수준에까지 도달하고자 하는 욕구로써 잠재력을 최대한 발휘하여 최고 경지에 오르고자 하는 욕망이기도 합니다.

공포를 뜻하는 포비아(phobia)가 거의 외래어 수준으로 우리 사회에 자리 잡았습니다. 접두사로 무엇이든 붙이면 조어(造語)가 되기 때문입니다. 예를 들어, 환경과 관련하여 제품을 사용할 때 화학 성분을 꼼꼼히 살피거나 될 수 있으면 화학제품 사용을 피하는 현상인 화학물질 공포증인 'chemophobia', 동성애 혐오증인 'homophobia', 외국인 혐오증인 'xenophobia'가 있습니다.

오늘의 주제인 비행 공포증은 단순히 포비아에 그치지 않고 병적인 수준까지 이른 경우를 말합니다. 한 나라의 수반(首班)이 외국을 방문하면서 비행기를 이용하지 않고 기차를 탔다면, 그것도 10시간 이상의 장시간을 이용했다면 분명 비행 공포증 외에는 설명하기 힘듭니다. 트럼프 미국 대통령과 회담하기 위해 베트남을 방문했던 북한의 김정은은 그렇게 했습니다. 안방 드나들 외국 출입이 잦은 시대입니다. 우리도 이와 같은 비행 공포증을 잠재울 수 있는 프로그램이 절실한 시대 같습니다.

II. 단어 및 한자 익힘

- 활주 : 항공기가 이착륙하기 위하여 빨리 내달음.
  예시) 여객기가 하늘로 날아오르려고 비행장을 滑走 중이다.

  滑走 : 滑(미끄러울 활) 走(달릴 주)

01

- 난기류(turbulence)
  ① 방향과 속도가 불규칙하게 바뀌면서 흐르는 기류. 비행 중인 비행기에 동요나 충격을 줄 수 있다.
  예시) 亂氣流에 휩쓸리면서 승객들은 불안에 떨었다.
  ② 예측할 수 없어 어떻게 할 수 없는 형세를 비유적으로 이르는 말.
  예시) 아빠와 엄마 사이에 할머니 문제로 亂氣流가 형성되고 있다.
  亂氣流 : 亂(어지러울 난) 氣(기운 기) 流(흐를 류)

- 고사하다 : 어떤 일이나 그에 대한 능력, 경험, 지불 따위를 배제하다. 앞에 오는 말의 내용이 불가능하여 뒤에 오는 말의 내용 역시 기대에 못 미침을 나타낸다.
  예시) 1등은 姑捨하고 중간도 못 가는 성적이다.
  姑捨 : 姑(시어머니 고) 捨(버릴 사)

- 폐소 공포증(claustrophobia) : 꼭 닫힌 곳에 있으면 두려움에 빠지는 강박 신경증.
  閉所 恐怖症 : 閉(닫을 폐) 所(바 소) 恐(두려울 공) 怖(두려워할 포) 症(증세 증)

- 동체
  ① 물체의 중심을 이루는 부분.
  예시) 자동차의 胴體.
  ② 항공기의 날개와 꼬리를 제외한 중심 부분. 승무원, 여객, 화물 따위를 실으며 발동기나 각종 탱크가 장치되어 있다.
  예시) 비행기 胴體가 두 동강 났다.
  胴體 : 胴(몸통 동) 體(몸 체)

- 기반 : 기초가 되는 바탕. 또는 사물의 토대.
  예시) 그는 학원업에서 基盤을 다지고 대학교를 설립했다.
  基盤 : 基(기초 기) 盤(소반 반)

사회

Ⅲ. 생각하기

 승객 211명과 승무원 18명을 태운 채 영국 런던 히스로 공항을 출발한 싱가포르 소속 여객기는 미얀마 상공 고도 3만7,000피트(약 1만1,278m)에서 난기류를 만났습니다. 1명의 승객이 죽고 수십 명이 부상했다고 외신은 전합니다. 난기류를 영어로 'turbulence'라고 하며 'irregular and violent movements of air or water that are caused by the wind'로 풀이합니다. 비행기 공포증이 없는 사람이 이상하게 느껴질 뿐입니다.

01

"손잡고 떠납니다" 네덜란드 前 총리 부부의 동반 안락사

"부부가 둘 다 많이 아팠고, 서로 혼자서는 떠날 수 없었다." 드리스 판 아흐트 전 네덜란드 총리가 세운 연구재단은 최근 판 아흐트 전 총리 부부의 부고를 이렇게 전했다. 1950년대 대학 캠퍼스 커플로 만나 70년을 해로한 두 사람은 한날한시에 안락사로 생을 마감했다. 93세 동갑내기인 부부는 마지막 순간까지 손을 맞잡고 있었다고 한다. 판 아흐트 전 총리는 2019년 뇌졸중으로 쓰러진 뒤 회복하지 못했고 부인 역시 지병 끝에 동반 안락사를 선택했다.

▷세계 최초로 안락사를 합법화한 네덜란드에서 2022년 안락사를 택한 사람은 8700여 명이다. 이 중 동반 안락사는 58명(29쌍)으로 드문 편이다. 다만 2020년 26명, 2021년 32명으로 많아지는 추세다. 우리는 무의미한 연명치료를 중단하는 소극적 안락사만 허용하지만 해외에선 의사가 약물 투여 등으로 환자를 죽게 하는 적극적 안락사, 의사 도움을 받아 환자 스스로 목숨을 끊는 조력자살을 허용하는 곳이 적지 않다.

▷안락사가 생명의 존엄성을 훼손하는지를 두고 찬반이 팽팽하지만 존엄하게 죽을 권리를 인간의 기본권으로 인정하는 나라는 꾸준히 늘고 있다. 삶은 선물이지만 버리고 싶을 때 버리지 못한다면 짐이란 인식이 커지는 것이다. 미국 캘리포니아주는 2015년 안락사를 허용하며 법 이름을 '생명종결 선택권법(End of Life Option Act)'이라고 지었다. 엄격한 가톨릭 국가인 스페인도 2021년 안락사와 조력자살을 합법화했다. 타인이 목숨을 끊도록 도우면 최대 징역 10년형에 처하도록 했던 스페인의 전향적인 변화였다.

▷하지만 안락사 허용 국가에서도 환자가 자칫 안락사로 내몰리는 등 부작용을 우려하는 목소리가 높다. 네덜란드에서 안락사 심사위원회가 열릴 때면 완화치료 등 대안이 없는지를 두고 격론이 벌어진다고 한다. 또 악용 가능성에 대비해 안락사 허용 결정까지 3중, 4중의 안전장치를 두는 나라가 대부분이다. 환자의 고통이 심각하고, 회복할 가망이 전혀 없으며, 의료적 대안이 없어야 하는 건 기본이다. 환자가 자발적으로 한 선택인지, 복수의 의사와 여러 번 면담하면서 결심이 일관되게 유지되는지도 확인하도록 한다.

사회

> ▷우리나라는 죽음을 드러내놓고 얘기하기를 꺼려 왔지만 세계에서 가장 빠른 고령화가 진행 중인 탓인지 인식 전환도 빠르다. 2021년 서울대병원 조사에서 국민 76%가 안락사 또는 의사 조력자살에 찬성하는 것으로 나타났다. 5년 전 조사 때 찬성률(41%)보다 거의 두 배로 뛴 것이다. 조력자살이 합법인 스위스 국민의 찬성률(81%)과 별 차이가 나지 않는다. 2022년 국회에서 존엄조력사법이 발의된 것도 이런 변화가 반영된 것이다. 죽음의 격에 대한 논의를 더 이상 미루기 힘든 때가 오고 있는 것 같다.
>
> 출처 : 2024년 2월 14일, 동아일보(횡설수설)

I. 칼럼 소개

　죽음은 개별 인간에게서 일어나는 고유한 사건이며, 타인이 대신할 수 없는 지극히 개인적인 사건입니다. 나의 삶을 타인이 대신 살아줄 수 없듯이 나의 죽음도 나의 것일 수밖에 없습니다. 따라서 나의 죽음은 나의 삶과 결코 별개일 수 없으며 이러한 죽음의 문제를 어떻게 풀어갈 것인가는 항상 각 개인의 과제(課題)였습니다.

　얼마 전 70대 인구가 20대보다 많다는 보도가 있었습니다. 또 다른 뉴스에 따르면 2025년에는 초고령화 사회에 진입한다고 합니다. 초고령사회(超高齡社會, Super-aged Society)는 65세 이상의 인구가 전체 인구의 20% 이상인 경우를 말합니다. 동전의 양면과도 같은 뉴스라 말할 수 있습니다. 결국은 우리 사회의 많은 사람이 곧 죽음에 직면할 것이라 예상할 수 있습니다. 그래서 죽음, 즉 어떻게 죽느냐의 문제가 많은 사람의 관심사가 되어가는 과정에 있다고 해도 과언(過言)이 아닙니다.

　사실 우리나라에서는 죽음을 터부(taboo)시 했습니다. 터부는 특정 집단에서 어떤 말이나 행동을 금하거나 꺼리는 것을 말합니다. 그 단적인 예가 서양에서는 공동묘지가 도심에 있는 것과 대조적으로 우리는 도시나 마을의 외곽에 있어, 쉽게 눈에 띄지 않습니다. 사실 넓게 보면 죽

01

음도 삶의 한 과정인데 죽음을 의도적으로 기피(忌避)했습니다. 이제는 죽음에 대한 인식도 변하고 초고령사회답게 각 가정에서의 죽음도 경험할 것이기에 이 주제는 회피(回避)할 수 없게 되었습니다.

인간은 자신이 죽어야 할 운명임을 알고 있습니다. 인간은 자신의 죽음이 어느 시점에는 현실화되리라는 것을 인식하고 있습니다. 우리가 죽어야만 한다는 사실에 대한 인식은 삶에 상당한 영향을 미치며, 삶의 방향을 결정합니다. 종교도 죽음에 대한 두려움에서 생겨났다고 하지 않습니까? 그리고 철학뿐만 아니라 예술의 전반에서도 죽음은 항상 뜨거운 주제였습니다. 서양에서의 죽음을 기억하라는 '메멘토 모리(Memento Mori)'라는 경구(警句)는 유명합니다.

지난 5일에는 네덜란드 전 총리 부부가 93세의 나이로 동반(同伴) 안락사를 선택해 우리나라서도 큰 이목을 끌었습니다. 곧 닥칠 초고령사회의 반영일 것입니다. 그런데 안락사는 지극히 자본주의적 접근법이라는 비판이 있습니다. 즉 비용(費用)의 문제로 접근한 것이 안락사(安樂死)라는 것입니다. 그렇게 접근하면 장애인은 설 자리가 없다고 항변합니다. 충분히 귀담아들을 논리라 생각합니다.

그렇지만 매사가 그러듯, 현실론이 힘을 얻습니다. 지구보다 무겁다는 한 개인의 생명은 도덕 교과서에서만 존재하나 봅니다.

II. 단어 및 한자 익힘

- 부고 : 사람의 죽음을 알림. 또는 그런 글.
  예시) 그는 할아버지의 **訃告**를 받고 고향으로 달려갔다.
  訃告 : 訃(부고 부) 告(알릴 고)
  *별세 : 윗사람이 세상을 떠남.
  예시) 할아버지의 **別世** 소식을 듣고 일찍 집으로 왔다.
  別世 : 別(나눌 별) 世(인간 세)

사회

* 부음 : 사람이 죽었다는 것을 알리는 말이나 글.
  예시) 그는 할머니의 **訃音**을 듣고 곧장 병원으로 달려갔다.
  訃音 : 訃(부고 부) 音(소리 음)
* 궂기다 : (완곡하게) 윗사람이 죽다.

- 해로 : 부부가 한평생 같이 살며 함께 늙음.
  예시) 나는 학창시절 은사님 부부의 **偕老**를 진심으로 빈다는 메일을 보냈다.
  偕老 : 偕(함께 해) 老(늙을 로)

- 지병 : 오랫동안 잘 낫지 아니하는 병.
  예시) 아버지는 오랜 **持病** 끝에 얼마 전 돌아가셨다.
  持病 : 持(가지다, 지니다 지) 病(병 병)

- 동반
  ① 일을 하거나 길을 가는 따위의 행동을 할 때 함께 짝을 함. 또는 그 짝.
  예시) 부모님은 부부 **同伴** 모임에 가셨다.
  ② 어떤 사물이나 현상이 함께 생김.
  예시) 자동차의 속도를 높이면 매연도 **同伴**된다.
  同伴 : 同(같을 동) 伴(짝 반)

- 연명 : 목숨을 겨우 이어 살아감.
  예시) 임진왜란 때 왜적들은 **延命**을 하기 위하여 솔잎을 따 먹고, 바다풀을 뜯어 먹었다.
  延命 : 延(늘일 연) 命(목숨 명)

- 대안 : 어떤 안(案)을 대신하는 안.
  예시) 이 방법도 썩 좋지는 않으나 다른 **代案**이 없으니 어쩔 수 없다.
  代案 : 代(대신할 대) 案(책상 안)

01

- 격론 : 몹시 세차고 사나운 논쟁.
  예시) 나는 여성의 입대를 놓고 친구와 激論을 벌였다.
  激論 : 激(격할 격) 論(논할 론)

Ⅲ. 생각하기

삶의 반대는 죽음입니다. 'how to live' 못지않게 'how to die'도 중요한 과제가 된 시대입니다. 동반 안락사가 오늘의 주제입니다. 구차한 모습을 보이기 싫은 차선책일 것입니다. 구차하다는 '말이나 행동이 떳떳하거나 버젓하지 못하다'의 뜻입니다.

사회

가장 우울한 나라

미국 작가 찰스 부코스키(1920~1994)는 한평생 마음대로 살았다. 주정뱅이, 바람둥이, 노름꾼이었다. 묘비엔 '애쓰지 마라'(Don't Try)라고 새겨넣었다. 그런데도 그는 서점에서 시집이 제일 많이 도난당하는 시인이다. 부코스키는 성공 따위에는 신경을 끄고 살았다. 그에겐 '야망 없이 살자는 야망'이 있었다.

야망 없는 삶이라니, 천재적인 재능이 있는 부코스키 같은 인물이나 넘볼 수 있는 경지 아닌가. 작가이자 크리에이터 마크 맨슨은 책 〈신경 끄기의 기술〉에서 '신경 끄기' 모델로 부코스키를 꼽았다. 뒤처지면 안 된다는 조바심에 우울하다는 사람들에게 그는 '엉망진창이어도 괜찮다'는 마음으로 신경 끄기부터 해보라고 조언한다. 이 책이 세계적인 베스트셀러가 된 것을 보면 그만큼 시대를 반영하고 있다는 의미일 터이다. 특히 남 신경 쓰느라 우울한 한국인들에게 와닿는 얘기다.

맨슨이 지난 22일 자신의 유튜브에 '세계에서 가장 우울한 나라를 여행하다'라는 제목으로 올린 한국 여행기가 화제다. 이 영상에서 맨슨은 한국을 겉은 화려하지만 속은 골병든 나라로 진단했다. 그는 한국이 "유교주의와 자본주의의 단점을 극대화한 결과 엄청난 스트레스와 절망으로 이어졌다"고 분석했다. 개인의 실패가 집안의 수치와 연결되고, 권위적인 직장문화 등이 젊은층에게 과도한 스트레스를 주고 있다는 것이다. 불안과 우울이 대물림되고 있는 우리 사회의 슬픈 자화상을 들킨 듯해서 그의 지적이 아프다.

한국이 행복하지 않은 건 국제 지표에서도 입증된다. 한국은 10년 넘게 경제협력개발기구(OECD) 국가 중 자살률 1위를 차지하고 있다. 풍요로운 나라가 됐는데도 마음 건강은 꼴찌를 면하지 못하고 있다. 현실에선 "좋은 학교만 들어가면" 끝날 줄 알았는데 취업은 힘들고, 결혼도 내 집 마련도 언감생심이다. 부모를 봉양해야 하는 중장년층도 팍팍하긴 마찬가지다. '우울해도 하나도 이상하지 않은 사회' 아닌가.

그래도 맨슨은 한국인의 강점으로 회복력을 꼽았다. 우리가 돌파구를 찾을 것이라고

01

> 하니 그나마 다행이다. 어쩌면 우리는 그 답을 알고 있는지 모르겠다. 사는 게 뭐라고, 위험신호가 깜박인다면 **질주**를 멈춰야 한다.
>
> 출처 : 2024년 1월 30일, 경향신문(여적)

Ⅰ. 칼럼 소개

경북 문경의 한 육가공 공장에서 난 불을 진압하다 두 분의 소방대원이 사망했습니다. 그것도 각각 27세와 35세의 젊디젊은 나이에 순직했습니다. 그런데 이런 죽음이 비일비재(非一非再)한 대한민국입니다. 그래서 이번 사고는 낯설지 않습니다. 언제까지 이런 죽음의 행진을 보아야 합니까? 이것이 세계 10대 경제 강국의 현주소란 말입니까?

위의 소방 공무원과 같은 공무원의 죽음을 직무를 다하다가 목숨을 잃음을 뜻하는 순직(殉職)이라고 합니다. 이것이 공적 영역에서의 사고사(事故死)를 뜻한다면 사적 영역에서의 사고와 관련된 법률이 '중대재해처벌법(重大災害處罰法)'입니다. 2024년 2월 1일부터 이 법이 50인 미만의 사업장에도 적용된다고 업계에서는 난리입니다. 사업주들이 시행을 유예해달라고 국회 앞에서 집회를 열었습니다. 우리나라는 산업재해가 많은 나라로 악명 높습니다. 법률이 시행될 것이라고 예정된 상태에서 막상 그 날짜가 가까이 오니 보류해달라고 목소리를 높입니다. 이해하기 힘듭니다. 그 사이 준비하지 않고 무엇을 했단 말입니까? 2023년 산재(산업재해의 준말) 사고 사망자 수가 500명대라고 합니다. 하루 1명 이상 죽음을 맞이했습니다. 사업주를 포함한 우리 모두가 사람의 생명보다 돈을 중요시한 결과일 것입니다.

1974년 미국의 펜실베니아(Pennsylvania) 대학교의 이스털린 교수가 흥미로운 연구결과를 발표했습니다. 1946년부터 1970년까지 미국인들의 소득 수준과 행복도 사이의 상관관계를 분석한 결과, 일종의 역설(逆說)을 발견했습니다. 즉, 일반적으로 소득이 증가하면 행복 수준도 올라간다고 합니다. 그런데 소득이 증가하는 일정 시점까지는 당사자의 행복도 역시 올라가지만,

사회

일정 지점을 넘어선 뒤로는 아무리 소득이 늘어도 행복도가 더 이상 증가하지 않는다는 것입니다. 이를 이스털린의 역설(Easterlin Paradox)이라 부릅니다.

개인 차이는 있을 수 있겠지만 우리도 일정 시점을 지난 것은 아닐까요? 우리는 채워질 수 없는 목마름 때문에 끝없이 우울한 것은 아닌지 자문하게 됩니다. 그래서 만지는 물건은 모두 황금으로 만드는 능력을 지닌 그리스 신화에 나오는 미다스(Midas)처럼 빵에 손을 대자 빵이 딱딱하게 굳어버렸고, 음식을 한 술 입에 떠 넣어도 씹을 수가 없는 그런 지경까지 대한민국이 왔기에 세계 최고의 자살률을 기록한 것은 아닌지요?

한 외국 작가가 우리나라를 여행하고 세계에서 가장 우울한 나라라고 평을 한 기사가 주목을 받습니다. 마지막에는 회복력을 칭찬하기는 했지만, 우리의 현주소를 정확히 지적한 것 같아 얼굴이 화끈거립니다. 다시 한번 우리를 되돌아보는 계기가 되었으면 합니다.

II. 단어 및 한자 익힘

- 주정뱅이 : '주정쟁이'를 낮잡아 이르는 말.
  * 주정쟁이 : 주정을 하는 버릇이 있는 사람을 얕잡아 이르는 말.
  * 주정 : 술에 취하여 정신없이 말하거나 행동함. 또는 그런 말이나 행동.
  예시) 술酒酊을 하는 사람과는 술을 마시지 말라고 아버지는 충고하신다.
  酒酊 : 酒(술 주) 酊(술 취할 정)

- 경지
  ① 일정한 경계 안의 땅.
  ② 학문, 예술, 인품 따위에서 일정한 특성과 체계를 갖춘 독자적인 범주나 부분.
  예시) 서양 음악사에서도 피아노 음악의 새로운 境地를 열었다는 쇼팽이다.
  境地 : 境(경계 경) 地(땅 지)

01

- 자화상 : 스스로 그린 자기의 초상화.
    예시) 한국사회의 미래를 짊어진 청소년들의 **自畵像**이라고 믿기엔 가슴 답답한 노릇이다.
    自畵像 : 自(스스로 자) 畵(그림 화) 像(모양 상)

- 언감생심 : 어찌 감히 그런 마음을 품을 수 있겠냐는 뜻으로 전혀 그런 마음이 없었음을 이르는 말.
    예시) 야구는 날씨가 추워지면 부상 위험이 증가하는데 돔구장이 없는 상황에서 국제대회 개최는 **焉敢生心**이었다.
    焉敢生心 : 焉(어찌 언) 敢(감히 감) 生(날생) 心(마음 심)

- 봉양 : 부모나 조부모와 같은 웃어른을 받들어 모심.
    예시) 동양에서 효의 기본은 자식이 부모를 **奉養**하는 것이었다.
    봉양 : 奉(받들 봉) 養(기를 양)

- 돌파, 돌파구
    *돌파 : 쳐서 깨뜨려 뚫고 나아감 또는 일정한 기준이나 기록 따위를 지나서 넘어섬.
    *돌파구
      ① 가로막은 것을 쳐서 깨뜨려 통과할 수 있도록 뚫은 통로나 목.
      ② 부닥친 장애나 어려움 따위를 해결하는 실마리.
    예시) 견고한 적의 수비를 **突破**하기 위해서는 온갖 노력을 다해야 했다.
    예시) 그의 제안은 문제 해결의 **突破口**가 되었다.
    突破口 : 突(갑자기 돌) 破(깰 파) 口(입 구)

5촌부터 결혼 허용 검토, 그 근거는

유럽에선 4촌 이내 친족 결혼이 드물지 않았다. 영국은 19세기까지 전체 혼인의 5%가 사촌간 결혼이었다. 스웨덴은 4촌일 경우에만 당국에 허락을 받아야 하는데 유전병이 있는지 확인한 뒤 허가한다. 프랑스 작가 앙드레 지드의 장편 '좁은 문'도 사촌 누나와 결혼한 작가 자신의 경험을 녹인 자전 소설이다. 역사도 오래됐다. 고대 이집트 여왕 클레오파트라는 남동생 프톨레마이오스 13세와 결혼했다가 그가 죽자 다른 남동생과 결혼했다.

▶동양에서도 드물지 않았다. 신라 김유신 장군은 여동생을 훗날 왕이 되는 친구 김춘추에게 시집보낸 뒤 두 사람이 낳은 딸과 결혼했다. 고려 왕가의 가계는 오늘날 기준으로 보면 막장 수준이다. 태조 왕건의 많은 자녀가 남매이자 부부였다. 동양이든 서양이든 권력과 부를 독점하려는 목적이 컸다. 다만 그로 인해 큰 대가를 치렀다. 근친 결혼으로 태어난 아기가 저체중과 발달 장애를 앓았다. 생식력도 떨어진다. 용맹한 전사의 나라 스파르타는 무사의 혈통을 지키려고 근친혼을 고집하다가 심각한 저출생에 빠졌던 것이 멸망 이유로 꼽힌다. 합스부르크 왕가는 주걱턱 장애를 앓았다.

▶인류는 오래전부터 근친혼의 위험성을 알고 있었다. 배우자를 씨족 밖에서 찾은 흔적이 3만4000년 전 구석기 시대부터 나온다. 근친혼을 막기 위해 다양한 문화적 금기도 생겨났다. 모르고 어머니와 결혼했다가 파멸한 오이디푸스왕 이야기도 이런 금기의 반영이었다. 중국은 주나라 시대부터 동성동본 금혼을 시행했고, 우리도 고려 후기 성리학이 수입되면서 같은 길을 걸었다.

▶법무부가 친족 간 혼인 금지 범위를 4촌 이내로 축소하는 방안을 검토하고 있다. 헌법재판소가 '8촌 이내 혼인을 무효로 한다'는 민법의 개정이 필요하다고 결정한 데 따른 조치다. 법무부 연구 용역에서도 혼인 금지 범위를 4촌으로 축소하자는 제안이 나왔다.

▶여기엔 과학적 근거가 있다. 자식은 부모 양쪽에서 절반씩 DNA를 받기 때문에 부모와 자식의 혈연도는 50%이고 형제간엔 25%, 4촌은 12.5%다. 그러나 5촌은 6.25%, 6

01

> 촌은 3.13%, 8촌은 0.78%다. 5촌만 돼도 사실상 남이다. 근친 간 결혼이 곧장 유전병으로 이어지는 것도 아니다. 유럽 왕가들처럼 대를 이어 결혼을 거듭할 때 문제가 된다. 오늘날 이런 식으로 결혼하는 사람은 없다. 친족 범위를 어디까지로 할 것인지도 따져볼 일이다. 4촌만 넘어도 남으로 사는 시대에 8촌이 모여 고조부모까지 제사를 모시던 '4대 봉사' 시절 가족 윤리를 고집할 수는 없다.
>
> 출처 : 2024년 2월 29일, 조선일보(만물상)

Ⅰ. 칼럼 소개

친족 사이의 멀고 가까운 정도를 나타내는 수를 촌수(寸數)라고 합니다. 부부는 0촌, 부모와 자식은 1촌, 형제자매는 2촌입니다. 이상은 핵가족내의 촌수입니다. 핵가족을 넘어서 보겠습니다. 아버지의 형제와 나는 3촌입니다. 아버지 형제의 자식과 나는 4촌입니다. 4촌 형을 종형(從兄), 4촌 아우를 종제(從弟)라고 합니다. 여기까지는 할아버지의 자손들입니다.

아버지의 할아버지 또는 할아버지의 아버지인 증조할아버지 아래의 자손을 보겠습니다. 증조할아버지의 아들 중 친할아버지를 제외한 사람과 나는 5촌입니다. 5촌이 되는 사람과 아버지는 4촌이기에 나는 5촌 관계입니다. 우리는 이를 당숙(堂叔)이라 부릅니다. 국어사전에 당숙을 아버지의 사촌 형제라 풀이합니다. 근대소설에서는 당숙이 많이 나옵니다. 그만큼 당시의 시대상에서 5촌도 가까이 지냈다고 볼 수 있습니다. 당숙의 자식과 나는 6촌입니다. 6촌이 되는 관계를 재종(再從)이라 합니다. 이상에서 보는 바와 같이 홀수 촌은 상하관계를, 짝수 촌은 평등한 관계를 나타냅니다.

옛날에는 정주(定住) 사회였습니다. 정주 사회의 대표는 농경사회입니다. 많은 인력이 필요한 농사를 지어야 먹고 살 수 있는 사회입니다. 그래서 시골에는 같은 성씨의 사람들이 모여 살았습니다. 씨족사회로 부를 수도 있습니다. 지금은 정주 사회가 아닙니다. 일터 부근으로 옮겨

사회

왔습니다. 그래서 4촌도 보기 힘든 시대에 살고 있습니다.

　　오늘의 주제는 가까운 일가끼리 하는 근친혼(近親婚)입니다. 족내혼(族內婚)이라고도 합니다. 근친혼의 폐해(弊害)를 합스부르크 가문에서 볼 수 있습니다. 합스부르크 가문(家門)은 유럽에서 오래되고 영향력이 큰 가문 중 하나입니다. 이 가문은 신성로마제국의 지배권을 놓고 룩셈부르크 가문과 경합했지만, 14세기 이래 제위를 독점하여 사실상 황실의 지위를 누렸습니다. 합스부르크 가문의 카를 5세는 장남 펠리페에게는 스페인과 미국 식민지를, 동생 페르디난트에게는 신성로마제국 황제 지위와 중동부 유럽 지역을 물려주었습니다. 이로써 합스부르크 세력은 스페인계와 오스트리아계 두 권역으로 나뉘었습니다. 이들은 정치적으로 협력하는 동시에 상호 결혼을 했습니다. 스페인 공주가 오스트리아로 가서 황태자와 결혼한 후 거기에서 얻은 딸을 다시 스페인으로 보내 왕자와 결혼하는 식이었습니다. 근친혼이 수세대 계속되다 보니 유전 문제가 심각해져 17~18세기에 이르면 재앙 수준에 가깝습니다. 주걱턱과 광기(狂氣)가 이 가문의 유전적 특징이었습니다. 물론 근친혼의 목적은 영토와 정치 권력을 다른 가문에 빼앗기지 않기 위해서였을 것입니다.

　　지켜야 할 영토와 정치 권력이 없는 일반인들 사이에서는 근친혼이 보편적이진 않았습니다. 문화·인류학자들은 오랫동안 근친혼을 금지하는 유전자(예를 들어 자연선택 따위)가 있는지, 아니면 문화적 선택의 결과인지에 관해 연구했습니다. 대체로 문화적 선택의 결과라는 결론으로 모아지고 있습니다. 5촌부터 결혼이 가능하다는 연구결과가 나왔다고 합니다. 그렇지만 선뜻 받아들이기에는 심리적 저항이 있을 듯합니다.

II. 단어 및 한자 익힘

- 자전 : 작자 자신의 일생을 소재로 스스로 짓거나, 남에게 구술하여 쓰게 한 전기.
  * 전기 : 한 사람의 일생 동안의 행적을 적은 기록.
  　예시) 아버지는 일생을 돌아보면서 **自傳** 소설을 쓰실 계획이다.

  自傳 : 自(스스로 자) 傳(전할 전)

01

- 가계(1) : 대대로 이어 내려온 한집안의 계통.
  예시) 국가무형문화재 전통공예 **家系** 전승자
  家系 : 家(집 가) 系(맬 계)
 *가계(2) : 한집안 살림의 수입과 지출의 상태.
  예시) 과소비로 **家計**는 적자가 되었다.
  家計 : 家(집 가) 計(셀 계)

- 생식 : 생물이 자기와 닮은 개체를 만들어 종족을 유지함 또는 낳아서 불림.
 *생식력 : 개개의 생물이 자기와 닮은 개체를 만들어 종족을 보존하고 유지할 수 있는 능력.
  예시) 과학계는 고양이 암컷의 **生殖力**을 떨어뜨리는 유전자 치료 방법을 발견했다.
  生殖力 : 生(날 생) 殖(불릴 식. 불리다는 분량이나 수효가 많아지게 하다) 力(힘 력)

- 금기 : 마음에 꺼려서 하지 않거나 피함.
 *금기시 : 금기로 여김.
  예시) 국왕이 사망해야 왕위 승계가 이뤄지는 영국 왕실의 전통 때문에 퇴위 논의 자체가 **禁忌視**되고 있다.
  禁忌視 : 禁(금할 금) 忌(꺼릴 기) 視(볼 시)

- 용역 : 물질적 재화의 형태를 취하지 아니하고 생산과 소비에 필요한 노무를 제공하는 일. 즉, 마트에서 사는 물건은 '재화(goods)'라고 하지만, 학원 선생님이나 의사 선생님이 돈을 받고 가르치거나 진료하는 행위는 '용역(service)'이라고 함.
  예시) 신청사 건립 최종 **用役** 결과는 다음 달 나온다고 한다.
  用役 : 用(쓸 용) 役(부릴 역)

- 4대 봉사(1) : 증조할아버지까지 조상의 제사를 받들어 모심.
  예시) **4대조**(증조부모) 조상을 모시는 관행(4대 **奉祀**)이 3대·2대 **봉사**로 바뀐 점도 나타났다.
  奉祀 : 奉(받을 봉) 祀(제사 사)
 *봉사(2) : 국가나 사회 또는 남을 위하여 자신을 돌보지 아니하고 힘을 바쳐 애씀.

예시) 우리는 매주 일요일이면 장애인을 위한 **奉仕** 활동에 참가한다.
奉仕 : 奉(받들 봉) 仕(섬길 사)

Ⅲ. 생각하기

과학적 근거가 있다면 할 말은 없습니다. 그런데 세상의 이치가 과학적 근거로만 돌아가지만은 않다는 사실입니다.

1441일 만에 문 닫은 코로나 선별진료소

신종 코로나바이러스 감염증(코로나19) 유행 동안 긴 줄이 늘어섰던 전국의 선별진료소 506곳이 지난해 12월 31일 일제히 문을 닫았다. 방역당국은 코로나19 확진자가 **급감**함에 따라 선별진료소 운영을 종료하고, 확진자를 수용할 격리병상 376개도 모두 지정 해제했다. 코로나19 확진자가 처음 발생한 2020년 1월 20일부터 1441일 동안 하루도 빠짐없이 운영됐던 선별진료소가 사라진다니 코로나19의 **종식**이 새삼 실감이 난다.

▷선별진료소는 확진자를 신속히 골라내 격리하고 치료하는 'K방역'의 **최전선**이었다. 거의 4년에 달하는 선별진료소 운영 기간 1억3100만 건의 유전자증폭(PCR) 검사가 이뤄졌다. 우리나라 국민 1인당 약 2.5회씩 검사를 한 셈이다. 주로 컨테이너에 설치됐던 선별진료소는 자동차를 타고 지나가며 검사를 받는 '드라이브 스루', 공중전화 부스 같은 1인용 음압 부스에 의료진이 손만 집어넣어 **검체**를 채취하는 '워크 스루' 등으로 진화했다. 대기와 소독 시간이 줄면서 검사 횟수가 최대 10배까지 늘어났다.

▷의료진의 기발한 아이디어로 코로나19 확진자가 폭증하던 시기에도 빠른 검사가 가능했지만 지금껏 선별진료소가 차질없이 지속적으로 운영될 수 있었던 것은 말 그대로 의료진의 헌신 덕분이다. 의료진도 **미지**의 감염병이 두려웠다고 한다. 혹시 모를 감염 우려에 가족과 떨어져 지내며 두려움과 싸우면서도 레벨D 방호복을 입고 N95 마스크를 낀 의료진은 묵묵히 밀려드는 검사를 했다. 확진자가 폭증할 때는 끼니도 거르고 화장실도 못 가기 일쑤였다.

▷골목을 돌고 돌아 늘어선 행렬을 안내하던 공무원들은 여름에는 더위, 겨울에는 추위와 싸웠다. 휴일 없이 일하면서도 위험한 근무를 마다하지 않았다. 선별진료소 근무자들이 버틸 수 있었던 건 시민들의 응원 덕분이기도 하다. 시민들은 빵과 커피 등 간식을 보내고 '힘내세요' '감사해요' 손 편지를 남기며 지친 그들을 위로했다.

▷방역당국은 지난해 6월부터 코로나19 위기 단계를 '경계'로 하향 조정하고 실내 마

사회

> 스크 착용과 확진자 격리 등을 자율에 맡겨 왔다. 현재 표본 감시로 집계하는 코로나19 확진자 수는 하루 평균 1000명에 못 미친다. 오미크론이 유행하던 2022년 3월 하루 최대 62만 명까지 확진자가 늘었던 것에 비하면 이제 독감처럼 관리가 가능한 수준이 된 것이다. **변이**를 거듭한 바이러스가 남아있긴 하지만 치명률은 미미하다. 최근 질병관리청 조사에 따르면, 우리 국민 10명 중 8명이 "코로나19로부터 일상을 회복했다"고 응답했다. 끝이 보이지 않던, 전례 없이 길었던 팬데믹…. 이젠 잘 견뎌냈다고, 잘 헤쳐왔다고 서로서로 등을 두드려줘도 될 것 같다.
>
> 출처 : 2024년 1월 2일, 동아일보(횡설수설)

Ⅰ. 칼럼 소개

　코로나 19를 팬데믹으로도 불렀습니다. 팬데믹은 전염병이 전 세계적으로 크게 유행하는 현상. 또는 그런 병을 말합니다. 영어사전에서도 pandemic을 "a disease that affects people over a very large area or the whole world"로 풀이합니다. 팬데믹은 보통명사(普通名詞)인데 마치 고유명사로 쓰였습니다. 그 코로나 19가 역사의 한 페이지를 장식하고 물러간다고 합니다. 우리에게 코로나 19가 남긴 생활상의 변화나 전염병과 관련 용어들을 다시 살펴보겠습니다.

　무증상(無症狀)의 코로나도 많았습니다. 'symptom'은 증상이라는 뜻인데 접두사 'a'가 와서 반대의 뜻이 되었습니다. 'a'가 와서 반대의 뜻이 되는 경우가 종종 있습니다. '정치의'라는 뜻의 'political'에 'a'가 와서'apolitical'되었으며 이는 '정치와 관계없는''정치에 관심없는'이라는 뜻입니다. 코로나에 걸렸을 경우 다른 사람에게 전염을 막기 위해서 집 밖으로 나오지 못하게 했습니다. 이것을 'lockdown(a time when all the doors in a building are locked in order to protect the people inside from danger)'이라고 합니다.

01

　서로 얼굴을 마주 보고 대함의 대면(對面, face-to-face)과 서로 얼굴을 마주 보고 대하지 않음의 비대면(非對面, non-contact)도 익숙하게 된 용어입니다. 백신을 맞고 일정 기간이 지난 후 부스터 샷을 맞기고도 했습니다. 'boost'는 'to increase or improve something and make it more successful'입니다. 백신의 효과를 증대시키기 위한 주사라는 의미입니다. 전염이나 감염을 막기 위해 재택근무도 흔했습니다. 출퇴근하다는 'commute'입니다. 여기에 'tele'오면 'telecommute'가 되어 '재택근무하다'의 뜻이 됩니다. 'tele'에는 전화를 사용해서라는 뜻이 있습니다. 재택근무하면서 전화로 보고한다고 해석하면 될 것입니다.

　비말전염(飛沫傳染)이라는 말도 흔히 들었습니다. 환자의 기침과 더불어 퍼지는 병균으로 감염되는 경우이며 비말은 '날아 흩어지거나 튀어 오르는 물방울'입니다. 영어로는 'droplet'라고 합니다. 검사 결과 양성과 음성으로 희비가 엇갈렸습니다. 양성(陽性, positive)은 병을 진단하기 위하여 화학적·생물학적 검사를 한 결과 특정한 반응이 나타나는 일을, 음성(陰性, negative)은 바이러스, 세균 따위의 감염 여부를 알기 위하여 생화학적, 세균학적, 면역학적 검사를 행하였을 때 피검체가 반응을 보이지 않거나 일정 기준 이하의 반응을 나타내는 일을 말합니다.

　적의 실체를 모를 때는 호들갑을 떨게 됩니다. 코로나 19의 실체를 몰랐던 현대의학의 한계였는지도 모르겠습니다. 불과 1~2년의 일이 마치 옛날 일과 같습니다.

II. 단어 및 한자 익힘

- 급감 : 급작스럽게 줄어듦.
  예시) 갈치의 어획량이 **急減**하면서 가격이 올랐다고 한다.
  急減 : 急(급할 급) 減(덜하다 감. '덜하다'는 lessen)

사회

- 종식 : 한때 매우 성하던 현상이나 일이 끝나거나 없어짐.
  예시) 여성의 권리를 신장하고, 여성을 대상으로 한 불합리한 범죄를 **終熄**시키기 위해 논의를 확대해나가는 것은 매우 중요하다.
  終熄 : 終(마칠 종) 熄(불 꺼질 식)

- 최전선
  ① 맨 앞의 선.
  예시) 그는 학생 시절에 야학 운동의 **最前線**에서 뛰었다.
  ② 적과 맞서는 맨 앞의 전선(戰線).
  예시) 학생들도 다시 전쟁의 **最前線**으로 투입되었다.
  最前線 : 最(가장 최) 前(앞 전) 線(줄 선)

- 검체 : 시험, 검사, 분석 따위에 쓰는 물질이나 생물.
  예시) 신체검사를 할 때는 소변, 혈액 등 신체의 **檢體**가 채취될 수 있다.
  檢體 : 檢(검사 검) 體(몸 체)

- 미지, 미지수
  * 미지 : 아직 알지 못함.
  * 미지수 : 예측할 수 없는 앞일.
  예시) 그래도 우리 앞에 놓인 **未知**의 새해, 아직 경험해보지 못한 놀라운 기쁨이 몸을 숨긴 채 기다리고 있을지 모른다고 상상해본다.
  예시) 시험의 결과가 어떻게 날지 아직 **未知數**다.
  未知數 : 未(아닐 미) 知(알 지) 數(셈 수) cf) 末(끝 말)

- 변이
  ① 예상하지 못한 사태나 괴이한 변고.
  ② 생명 같은 종에서 성별, 나이와 관계없이 모양과 성질이 다른 개체가 존재하는 현상.
  예시) 세계보건기구는 새로운 **變異**의 출현으로 골머리를 앓고 있다.
  變異 : 變(변할 변) 異(다를 이)

01

Ⅲ. 생각하기

　코로나가 역사 속으로 사라졌습니다. 코로나와 관련한 일련의 사태로 우리 사회가 반면교사로 삼아야 할 교훈은 없을까요? 또다시 이와 유사한 사태가 발생하면 우왕좌왕, 좌충우돌하지 않을 자신이 있는지 정부에 묻고 싶습니다.

Chapter 02

음식

밥보다 고기

어릴 적 제삿날을 손꼽아 기다렸다. 당시만 해도 자정을 넘겨 제사를 지냈는데 졸음을 꾹꾹 눌러 참으면서 끝나길 기다렸다. 고기를, 특히 소고기를 먹을 수 있는 일 년에 몇 안 되는 날이었기 때문이었다. 제삿날이 되면 작은할아버지와 작은아버지께서 소고기를 두세 근씩 끊어 오셨다. 어머니는 고기를 정성스레 다듬어 적을 부치고, 고깃국을 끓일 준비를 하셨다. 제사가 끝날 즈음이면 동네 어른들까지 오셔서 음복주를 곁들여 제사 음식을 함께 드셨다.

50여년 전만 해도 '이밥(쌀밥)에 고깃국'은 많은 사람들이 갈망했던 '음식 조합'의 대명사였다. 보통의 가정에서 평상시엔 맛보기 힘들었고 제사나 명절, 가족의 생일날에나 호사를 누리는 정도였다. 이런 분위기가 바뀌기 시작한 것은 1970년대 중반 이후 급속한 경제성장과 함께 국민소득이 크게 늘면서다. 쌀 이외의 곡류 소비 증가와 먹거리의 다양화 등에 힘입어 쌀 소비는 급격히 줄었고, 고기 소비는 증가했다. 물론 남한과 달리 지금도 '이밥에 고깃국'을 약속하고 있는 북한에선 여전히 선망되는 음식 조합이기도 하다.

우리나라에선 이제 쌀이 남아돌아 농민들과 정부가 수확 철마다 전전긍긍한다. 통계청에 따르면 1983년 130kg에 달했던 연간 1인당 쌀 소비량이 지난해 56kg까지 떨어졌다. 1인당 하루 154g으로 즉석밥 1개(200g)도 안 되는 분량이다. 정부는 벼 재배 면적 줄이기에 머리를 싸매고 있고, 밥솥 회사는 줄어든 수요를 프리미엄 모드를 장착하는 고급화를 통해 버텨 나가는 처지다.

반면에 우리 국민의 고기 섭취는 급증했다. 3일 한국농촌경제연구원에 따르면 지난해 소·돼지·닭고기 등 3대 육류 소비량이 1인당 60.6kg에 달한다. 1980년 11.3g에 비해 5.5배 증가했고, 지난해 쌀 소비량을 추월했다. 한 사람당 매일 166g을 섭취하는 셈이다. 육류 소비량이 마냥 증가하지는 않을 것이다. 유엔식량농업기구(FAO) 보고서에 따르면 1인당 국내총생산(GDP)이 4만 달러를 넘는 선진국에선 이미 육류 소비가 정점을 찍고 하락하고 있고, 이 같은 추세가 확산될 것으로 전망하고 있다. 하지만 우리 국민의 고기 섭취의 급증 추이를 볼 때 '밥보다 고기' 트렌드가 쉽게 바뀔 것 같지는 않다.

출처 : 2024년 3월 4일, 서울신문(씨줄날줄)

음식

I. 칼럼 소개

　주식(主食, staple)은 밥이나 빵과 같이 끼니에 주로 먹는 음식을 말합니다. 한반도에 사는 사람은 쌀을 주식으로 합니다. 쌀은 논에서 생산됩니다. 이 말은 물이 필요한 작물(作物)이라는 의미입니다. 그만큼 '비가 와야한다는 뜻입니다. 비가 오지 않아 작물이 말라갈 때 우리는 '가뭄해'라고 합니다. 논을 한자로 쓰면 '답(畓)'입니다. 이 한자의 구성은 물(水)과 밭(田)의 합성어입니다. 비가 오는 하늘에만 의지할 수 없어 사람들은 저수지를 만들었습니다. 물을 저장할 수 있도록 말입니다. 국사 시간에 배운 제천 의림지, 김제 벽골제, 밀양 수산제가 그런 곳들입니다. 논의 위치상 저수지 물을 이용할 수 없어 하늘만 바라보는 논을 천수답(天水畓)이라고 합니다. 쌀로 밥을 지을 수 있지만 때로는 보리로도 쌀을 대신합니다. 그런데 쌀밥과 보리밥의 가장 큰 차이는 보리밥은 거칠다는 점입니다. 쉽게 목을 넘어가질 못합니다. 그럼에도 1970년대 이전만해도 빈자(貧者)들은 보리밥을 먹어야만 했습니다.

　보릿고개라는 말이 있습니다. 햇보리가 나올 때까지의 넘기 힘든 고개라는 뜻으로, 묵은 곡식은 거의 떨어지고 보리는 아직 여물지 아니하여 농촌의 식량 사정이 가장 어려운 때(늦봄부터 초여름 사이)를 비유적으로 이르는 말입니다. 현재도 비유적으로 식량 부족뿐만 아니라 경제적으로나 개인적으로 힘든 시기를 겪고 있는 상황을 설명하는 데 사용됩니다. 쌀과 보리마저 부족하면 초근목피(草根木皮)로 연명(延命)하던 때도 있었습니다. 초근목피는 풀뿌리와 나무껍질이라는 뜻으로, 맛이나 영양 가치가 없는 거친 음식을 비유적으로, 연명은 목숨을 겨우 이어 살아감을 뜻합니다. 감자와 고구마와 같은 구황작물(救荒作物)도 있었습니다. 주로 기근이나 식량 부족 시에 식량원으로 활용되는 작물을 말합니다.

　이상은 맛으로 먹기보다는 허기(虛飢)를 면하기 위해 먹었습니다. 살기 위해 먹었습니다. 고기의 대명사격인 소고기는 언감생심(焉敢生心)입니다. 소는 농사에 필수적인 수단입니다. 그래서 조선시대에는 소를 잡는 것을 엄금했던 때도 있었습니다. 지금은 금지된 보신탕도 소고기를 자주 먹질 못하니까 단백질원으로 중요했다고 합니다.

　지금은 개방경제 아래에서 살고 있어 외국과의 교류가 활발합니다. 그리고 맛에 중점을 두면서 먹기 시작했습니다. 그만큼 잘살게 되었다는 뜻입니다. 고기가 넘칩니다. 맛에 방점을 두면서도 다이어트에도 신경을 쓰고 있습니다. 빛이 있으면 그늘도 깊다고 했던가요? 육류소비가 늘면서 각종 성인병도 생겨났습니다. 육류용 소와 돼지가 건강하게 사육되지 않기에 동물복지 이야기도 나오고 있습니다. 그래서 비건(vegan, 채식주의자)도 많아지고 있습니다.

살아가면서 균형된 시각이나 자세가 중요합니다. 밥이 탄수화물원이라면 고기는 단백질원입니다. 이 둘의 균형에서 우리의 건강이 자리 잡을 것입니다.

Ⅱ. 단어 및 한자 익힘

- 적 : 생선이나 고기 따위를 양념하여 대꼬챙이에 꿰어 불에 굽거나 지진 음식.
  예시) 명절이면 우리 형제는 炙을 얻어먹을까 싶어 부엌을 서성거리곤 했다.
  炙 : 炙(불에 고기를 구울 적)

- 음복 : 제사를 지내고 난 뒤 제사에 쓴 음식을 나누어 먹음.
  *음복주 : 음복으로 마시는 술.
  예시) 아버지는 제사를 지내고 나서 마신 飮福酒로 알맞게 취해 있었다.
  飮福酒 : 飮(마실 음) 福(복 복) 酒(술 주)

- 호사 : 호화롭게 사치함. 또는 그런 사치.
  예시) 상대적으로 부유하게 자란 친구는 어릴 적 豪奢를 누리면서 살았다.
  豪奢 : 豪(호걸 호) 奢(사치 사)

- 선망 : 부러워하여 바람.
  예시) 그녀는 우리 반에서 모든 남학생들의 羨望의 대상이 되었다.
  羨望 : 羨(부러워할 선) 望(바랄 망)

음식

- 전전긍긍 : 몹시 두려워서 벌벌 떨며 조심함.
  예시) 주부 박모(40)씨는 요즘 아파트 전세 문제로 **戰戰兢兢**하고 있다.
  戰戰兢兢 : 戰(싸울 전) 戰(싸울 전) 兢(떨릴 긍) 兢(떨릴 긍)

Ⅲ. 생각하기

어느 의사는 향후 요즘 젊은이들의 평균수명은 부모세대보다 줄어들 것이라고 주장했습니다. 아마도 이들의 식생활 문화를 비판하면서 하는 말입니다. 밥보다 고기라는 오늘의 주제도 관련이 있지 않을까요?

개 식용 금지

조선 개국 후 밥상의 가장 큰 변화는 육식의 확산이다. 불교를 숭상한 고려와 달리 조선은 '육식 금지'를 철폐했다. 당시 양반들 사이에선 소고기가 최고 인기였던 모양이다. 소의 씨가 마를 것을 우려한 왕실이 '소 도살 금령'(우금령)까지 내려 열풍을 잠재우려 했음에도, 밀도살만 성행했다고 한다. 고기 맛을 알아버린 지배층이 규정을 지키지 않으니 실효를 거둘 리가 없었다.

개고기를 서민들이 단백질 공급원으로 즐겨 먹게 된 것도 이때부터다. 양반들 역시 개고기를 즐겼다는 기록이 나온다. 책 〈조선의 탐식가들〉을 보면, 의외의 '개고기 애호가'는 다산 정약용이다. 다산이 개고기로 단백질을 보충했음은 흑산도로 유배 간 형 약전에게 보낸 편지로 알 수 있다. 다산은 형에게 개 잡는 법에서 요리하는 법까지 알려주며 보신을 당부한다.

한국에서 개 식용 논란은 오래됐다. 동물단체가 개 식용 종식을 끊임없이 주장했지만, '전통 식문화'라는 여론에 힘을 받지 못하곤 했다. 2001년 MBC 라디오에서 손석희씨와 영화배우 브리지트 바르도의 말다툼은 그간 논쟁의 지평을 보여준다. 당시 개 식용을 '야만적'이라고 한 바르도에게 '문화적 상대성'을 지적한 손씨에게 시민들은 열광했다. 2022년 3월까지 고교 사회문화 교과서에 문화 상대주의 사례로 개고기가 소개될 정도였다.

하지만 반려동물을 키우는 인구가 늘고 동물복지 인식이 개선되면서 개 식용 금지 목소리가 커졌다. 개는 현행 '축산법'상 가축에는 포함돼 있지만, '위생관리법'에서 이야기하는 가축에선 제외돼 있다. 이 때문에 개고기는 불법인데 개농장은 합법인 이상한 나라가 됐다. 이런 논란에 종지부를 찍기 위해 여야가 모처럼 뜻을 모았다. 식용을 위한 개 사육·도살을 금지하고 3년 유예를 두는 '개 식용 금지법'이 9일 국회를 통과했다. 동물단체들은 "생명 존중을 향한 새로운 역사의 장을 열었다"고 평가했다.

이젠 논쟁을 끝낼 수 있을까. 오늘 어딘가에서 또 벌어질 것이고, 쉽게 끝나진 않을 것

음식

> 이다. 물론 음식을 법으로 막는다니, 볼멘소리가 나올 법도 하다. 그래도 굳이 반려동물 1위인 개를 식탁에 올려야 하겠는가. 정부가 개농장의 업종 전환을 돕는 게 더 현실적이다.
>
> 출처 : 2024년 1월 10일, 경향신문(여적)

I. 칼럼 소개

부여에는 가축 이름으로 관직명을 삼아 마가(馬加), 우가(牛加), 저가(豬加), 구가(狗加) 등이 있었습니다. 말, 소, 돼지와 개를 주로 사용했음을 알 수 있습니다. 우리 고유의 윷놀이에서 사용되는 '도·개·걸·윷·모'도 가축을 딴 것으로 돼지, 개, 양, 소, 말을 가리킵니다. 말은 유목민과 농경민 모두에게 해당하지만, 양은 유목민의, 소는 농경민의 주된 재산이었습니다. 말이 교통수단인 동시에 군사력이었다면, 소는 수레를 끌거나 농경에 이용되었습니다.

돼지는 쟁기를 끌지도 못하고 그 털로 옷감을 만들기에도 적당하지 않고 젖을 짜서 쓸 수도 없습니다. 그러니 살아있을 때는 쓸모가 없습니다. 그래서 한 가지로 다양한 것을 얻어야 하는 유목민의 습성에 맞지 않습니다. 그러나 돼지는 농경민에게 친한 동물입니다. 家(가)는 집을 뜻합니다. 宀 + 豕가 합쳐진 글로서 앞은 지붕을, 뒤는 돼지를 뜻합니다. 집과 돼지가 밀접했음을 알 수 있습니다.

농경민(農耕民)에게 돼지보다 소가 귀했습니다. 소가 송아지를 낳는 데 9개월이 소요되지만, 돼지는 4개월이면 새끼를 낳습니다. 그 외에도 소는 한 마리를 수태하지만, 돼지는 많게는 10마리 이상도 낳습니다. 그래서 소는 함부로 도살하지 못하게 했습니다. 동네잔치에서 보통은 돼지를 잡지만 특별한 경우에만 소를 잡았습니다. 더구나 고려는 불교 국가였으니 살생을 금지하였고, 농경을 중시하던 조선에서도 소의 도살은 금기 사항이었습니다. 이처럼 다산성과 생산성의 상징이기도 했던 돼지를 소보다 더 선호한 이유는 명확하지 않다고 합니다. 오히려 먹기 어

02

려운 식품에 더욱 집착하는 인간의 심리로 설명하기도 합니다.

농경시대 초식 위주의 생활에서 단백질 공급원으로 귀한 소 대신 개고기가 꼭 필요했습니다. 그래서 개와 관련된 관용구와 속담도 많이 발달했습니다. 그만큼 인간과 친숙했기 때문임을 유추할 수 있습니다. 대표적인 관용구인'개 발에 땀 나다'는 '땀이 잘 나지 아니하는 개 발에 땀이 나듯이, 해내기 어려운 일을 이루기 위하여 부지런히 움직임을 이르는 말'입니다. 속담으로는 '개 꼬리 삼 년 묵어도 황모 되지 않는다'는 '본바탕이 좋지 아니한 것은 어떻게 하여도 그 본질이 좋아지지 아니함을 비유적으로 이르는 말'입니다. 황모는 족제비의 꼬리털로 빳빳한 세필(細筆)의 붓을 만드는 데 씁니다.

개고기 금지가 오늘의 주제입니다. 세상은 변합니다. 마당이 있던 시절 개와 인간의 생활영역은 엄격히 구분되었습니다. 생활상(生活相)이 바뀐 지금, 반려견은 인간의 침실로 들어오기도 합니다. 이들을 식용으로 삼기에는 끔직하긴 합니다. 단백질 공급원으로서의 개고기 필요성이 덜한 만큼 문화 상대주의라고 주장하는 이들의 설 자리는 줄어들고 있습니다.

II. 단어 및 한자 익힘

- 밀도살 : 돼지, 소 따위를 당국의 허가 없이 몰래 잡음.
  예시) 조선 시대에는 소에 대한 **密屠殺**을 엄격히 금지했다.
  密屠殺 : 密(빽빽한 밀, 숨길 밀) 屠(죽일 도) 殺(죽일 살)

- 보신(1) : 보약 따위를 먹어 몸의 영양을 보충함.
  예시) 나는 **補身**을 위해 한의원을 찾았다.
  補身 : 補(도울 보) 身(몸 신)
  * 보신(2) : 자신의 몸을 온전히 지킴.
  * 보신주의 : 개인의 지위나 명예, 무사안일과 행복만을 추구하는 이기주의적인 경향이나 태도.

음식

  예시) 정권교체기에 공무원들은 **保身**에 힘쓴다.
  保身 : 保(지킬 보) 身(몸 신)

- 지평 : 사물의 전망이나 가능성 따위를 비유적으로 이르는 말.
  예시) 그의 논문은 유전 공학의 새 **地平**을 열었다.
  地平 : 地(땅 지) 平(평평할 평)

- 문화 상대주의 : 인류 문화는 일원적으로 진화하는 것이 아니라 제각기 독자적인 방향으로 발전하기 때문에 문화의 우열을 가릴 수 없다고 보는 태도나 관점.

- 종지부 : 마침표(.)
  *종지부를 찍다 : 마침표를 찍다. 끝맺다.
  예시) 대통령에 대한 탄핵 결정으로 박근혜 시대는 **終止符**를 찍었다.
  終止符 : 終(마칠 종) 止(그치다 지) 符(부호 부)

- 볼멘소리 : 서운하거나 성이 나서 퉁명스럽게 하는 말투.
  예시) 새로 출시된 스마트폰을 사주지 않아 철수의 입에서는 **볼멘소리**가 나왔다.

Ⅲ. 생각하기

반려인구(伴侶人口)가 늘어만 가는 상황에서 개 식용이 전통의 이름으로 부활하지는 않을 것 같습니다.

신문 사설과
칼럼으로 보는
**2024년의
이슈들 ①**

Chapter 03
정치

윤 대통령 채 상병 특검 거부, 국민과 맞서는 권력사유화다

윤석열 대통령이 21일 '해병대 채 상병 특검법'에 거부권을 행사했다. 윤 대통령은 지난 1월 김건희 여사 특검법에 이어 본인이 얽힌 특검 수사도 막았다. 주권자가 위임한 헌법적 권한을 대통령이 사적으로 쓴 것이다. 특히 채 상병 특검법은 여권이 완패한 총선 민심이었다. 윤 대통령은 국민과 맞서고 싸우는 책임을 져야 한다.

대통령실이 밝힌 특검법 거부 이유는 크게 "여야 합의 없이 야당 단독으로 처리했다"는 것과 "특검 후보 추천권을 야당에 부여해 대통령 인사권을 침해했다"는 것이다. 사실을 호도하는 것이다. 지금까지 국회를 통과한 14건의 특검법 중에 대북송금(2003년)·BBK(2007년)·세월호(2020년) 특검은 여야 합의가 이뤄지지 않았다. 윤 대통령이 특검수사에 참여한 '박근혜·최순실 국정농단 특검법'은 특검의 공정성을 위해 당시 여당인 새누리당의 특검 추천권을 배제했다. 공수처 수사를 지켜본 뒤 필요시 특검을 도입하자는 것도 시간벌기라고 국민들은 보고 있다. 도대체 무엇을 감추려고 구차한 말만 늘어놓고 있는가.

의혹의 핵심은 지난해 7월 채 상병 순직 사건에 대한 해병대 수사단의 수사 결과가 뒤집힌 과정에 윤 대통령의 '격노설'과 대통령실 수사 외압이 있었다는 것이다. 윤 대통령은 4·10 총선이 다가오자 핵심 피의자인 이종섭 전 국방장관을 호주대사로 내보내 국민적 의구심을 키웠다. 초동 수사 단계부터 대통령실이 개입한 구체적 단서도 드러나 있다.

이번 사건은 국가의 존재 이유를 묻는 중대 사안이다. 공수처가 수사 중이지만 인력·역량 모두 부족하고, 이 사건의 통신자료 증거인멸 시효(7월)도 목전에 와 있다. 공수처 수사의 기소권을 쥔 검찰이 최근 김건희 여사 수사팀을 싹 바꾸면서 국민들 사이에선 검찰에 대한 불신도 높아져 있다. 70%에 이르는 국민들이 특검법을 지지하는 것도, 살아 있는 권력의 의혹을 낱낱이 속도 있게 밝히려면 특검이 불가피하다고 생각하기 때문일 것이다.

정치

> 윤 대통령은 취임 2년 만에 벌써 10번째 거부권을 행사했다. 제한적으로 사용해야 할 거부권을 <u>남발</u>하는 것은 문제다. 무엇보다 대통령 본인이 연루된 특검법에 거부권을 행사한 건 '셀프 방탄'을 위해 권력을 사유화한 것이다. 이를 <u>용납</u>할 국민은 없다. 윤 대통령은 기어이 국민과 맞서려는 건가. 야7당은 이번 주말 대규모 장외집회를 예고했다. 야당에선 '정권퇴진' '탄핵' 소리도 나오고 있다. 향후 초래될 국정 부담은 오롯이 윤 대통령이 자초한 일임을 명심해야 한다.
>
> 특검법은 아직 끝나지 않았다. 야당은 오는 28일 국회 본회의에서 채 상병 특검법을 재의결할 예정이다. 3분의 2 찬성으로 통과되려면 국민의힘에서 17명이 찬성해야 한다. 여당 의원들은 민심을 배반한 윤 대통령이 아니라 민심을 받들어 21대 의원으로서 마지막 소명 의식을 보여줘야 한다. 이날 임명된 오동운 공수처장은 특검법 논의와 상관없이 채 상병 사건 수사에 <u>매진</u>해야 한다.
>
> 출처 : 2024년 5월 22일, 경향신문(사설)

Ⅰ. 사설 소개

전문, 제1장 총강, 제2장 국민의 권리와 의무, 제3장 국회(제40조~제65조), 제4장 정부(제1절 대통령, 제2절 행정부), 제5장 법원, 제6장 헌법재판소, 제7장 선거관리, 제8장 지방자치, 제9장 경제, 제10장 헌법개정, 부칙

이상은 헌법의 목차(目次)를 정리한 내용입니다. 제3장의 국회는 제40조 "입법권은 국회에 속한다"부터 시작합니다. 입법(立法)은 법을 제정한다는 뜻입니다. 그리고 제52조에서는 "국회의원과 정부는 법률안을 제출할 수 있다."고 규정합니다. 정부에게 법률안 제출권이 부여되는 이유는 정부가 행정을 담당하고 있으므로 많은 행정과제를 해결하기 위해 법률의 제정·개정을 절실히 필요로 하며 전문지식이나 기술 인원을 확보하고 있어 입법자료도 풍부하기 때문일 것

03

입니다. 오늘날 행정국가화(行政國家化) 경향에 따라 실제로 국회에서 제정되는 법률 대부분은 정부 제안의 법률이 차지합니다.

우리나라는 민주주의 국가입니다. 국민의 뜻을 제일의 가치로 여깁니다. 국회도, 대통령도 국민의 의사로 선출됩니다. 만일 국민을 대변하는 '국회와 대통령'이 충돌할 때 국민은 누구 편을 들어준다고 생각하십니까? 명확한 규정은 없습니다. 다만 상황에 따른 특별한 규정은 있습니다. 대통령이 거부한 법률안을 국회가 재의결하면 그것으로 법률이 확정됩니다. 그 외에는 기본적으로 두 기관이 상호 견제와 균형의 가치 아래 운영됩니다. 대통령이 국무총리를 임명할 때 국회 동의를 얻어야 임명할 수 있고, 국회가 통과시킨 법률안을 대통령은 거부할 수 있습니다. 헌법학자(憲法學者)들은 헌법에서 대통령(제4장)보다 국회를 앞장(제3장)에 규정하기에 국회에 보다 무게를 두기도 합니다. 민심은 변하기 마련입니다. 대통령 선거는 2022년 3월에 있었고, 국회의원 선거는 2024년 4월에 있습니다. 국회의원의 손을 들어줄 이유는 충분하다고 생각합니다.

대통령과 다수당을 차지한 야당이 충돌(衝突)하고 있습니다. 대통령은 국회가 통과시킨 채 상병 특검법을 거부했습니다. 사유는 절차적으로 야당 단독으로 강행 처리했고, 내용적으로 특별검사 후보 추천권을 야당에 독점적으로 부여함으로써 대통령의 인사권을 침해함입니다. 헌법에서는 거부된 법률안을 보다 엄격한 절차로 재의결시키면 법률로서 확정됩니다(헌법 제53조 제4항 재의의 요구가 있을 때에는 국회는 재의에 붙이고, 재적의원 과반수의 출석과 출석의원 3분의 2 이상의 찬성으로 전과 같은 의결을 하면 그 법률안은 법률로서 확정된다). 그런데 제21대 국회에서 그 법률안을 통과시키려는 국회의 다수당을 차지한 야당이 재의결시키지는 못했습니다.

임기 4년의 제22대 국회가 2024년 5월 30일 개원되었습니다. 21대와 마찬가지로 22대 국회도 야당이 다수당입니다. 야당의 대표격인 민주당은 위에서 언급한 재의결시키지 못한 법률안을 1호 법안으로 접수시켰습니다. 억울하게 죽은 해병대원의 원한을 풀어주겠다고 합니다. 물론 이 법안이 통과되면 윤석열 대통령에 대한 탄핵의 실마리가 될 수 있다고 합니다. 그래서 정부·여당은 결사코 이 법안이 통과되는데 좌시하지 않을 것이라고 말합니다.

정치

거부 사유를 명시했습니다만 국회에서 재의결시키려는 법률안(채상병 특검법) 외에도 윤석열 대통령은 역대 어느 대통령보다 많은 법률안을 거부했습니다. 이것이 올바른 국정 행사인지는 잘 모르겠습니다.

II. 단어 및 한자 익힘

- 특검 : 특별검사의 줄임말. 검찰 수사의 공정성을 기대할 수 없거나 수사가 공정하게 이루어졌다고 볼 수 없는 사건에 대하여 특별검사에게 수사권을 맡기는 제도.

- 구차하다 : 말이나 행동이 떳떳하거나 버젓하지 못하다.
  예시) 패배자는 변명을 苟且하게 늘어놓았다.
  苟且 : 苟(진실로 구, 참으로 구) 且(또 차)

- 외압 : 나라나 기관, 단체 따위의 바깥에 있는 세력이 가하는 압력.
  예시) 이번 결정은 外壓에 못 이겨 바꾼 것이 아닌가 하는 의혹이 있다.
  外壓 : 外(바깥 외) 壓(누를 압)

- 초동 : 맨 처음에 하는 행동.
  예시) 그 사건이 初動에 진압되지 않으면 들불처럼 확대될 수 있다.
  초동 : 初(처음 초) 動(움직일 동)

- 공수처 : '고위 공직자 범죄 수사처'를 줄여 이르는 말.

- 목전 : 눈앞
  예시) 미군은 오키나와 상륙을 目前에 두고 있었다.
  目前 : 目(눈 목, 눈은 eye) 前(앞 전. in front of or before)

- 남발
  ① 법령이나 지폐, 증서 따위를 마구 공포하거나 발행함.
  ② 어떤 말이나 행동 따위를 자꾸 함부로 함.
  예시) 사면권의 濫發은 국민들이 형사법 체계를 믿지 않게 하는 원인 중 하나다.
  濫發 : 濫(넘칠 남) 發(필 발)

- 용납 : 너그러운 마음으로 남의 말이나 행동을 받아들임.
  예시) 이 같은 불법적인 폭력 집회·시위는 우리 사회서 容納될 수 없다.
  容納 : 容(얼굴 용) 納(받아들일 납)

- 매진하다 : 어떤 일을 전심전력을 다하여 해 나가다.
  예시) 그는 미국 명문대에서 2년간 학업에 邁進하다 귀국했다
  邁進 : 邁(멀리 갈 매) 進(나아갈 진)

III. 생각하기

뉴욕타임스에서는 해병대 채상병 사건과 관련한 아래와 같은 기사 제목을 달았습니다.
"New Scandal Engulfs South Korean Leader in Wake of Marine's Death"
사전은 'engulf'을 'to completely surround or cover something'로 설명합니다.

정치

정당 보조금

우리나라 정당은 매년 분기마다 나랏돈을 지원받는다. 정당 운영에 필요한 경비에 사용하라고 국민 세금으로 나눠 주는 국고보조금(경상보조금)이다. 선거가 있는 해엔 추가로 선거보조금도 받는다. 선거가 없었던 지난해 정당 7곳에 지급된 국고보조금 총액은 476억원이었다. 대통령선거와 지방선거가 동시에 실시됐던 2022년엔 1420억원으로 역대 최대였다. 정치자금법상 선거보조금과 별개로 공직선거법의 선거비용공영제에 따라 일정 비율 이상을 득표한 정당과 후보자는 선거비용도 보전받으니 '꿩 먹고 알 먹고'다.

국고보조금은 1980년 전두환 군사정권 체제에서 도입됐다. 선거보조금은 1991년부터다. 정당 보조금 자체는 전 세계적으로 보편화된 제도다. 중앙선거관리위원회 선거연수원이 2021년 발간한 '각국의 정당·정치자금제도 비교 연구'에 따르면 경제협력개발기구(OECD) 회원국 37개국 중 이탈리아를 제외한 36개국이 국고보조금 제도를 운용하고 있다.

정치자금법에 따라 국고보조금은 의원 20석 이상 교섭단체에 총액의 50%를 우선 균등 배분한다. 이어 5석 이상 정당에 총액의 5%를 배분하고, 5석 미만 또는 의석이 없는 정당 중 최근 선거에서 득표수 비율 요건을 충족한 정당에 총액의 2%를 지급한다. 거대 양당 기득권 위주의 배분 방식을 개선해야 한다는 지적도 있지만 보조금을 더 받기 위해 온갖 꼼수를 일삼는 소수 정당의 행태도 문제다.

민주당 출신 무소속 양정숙 의원의 전격 입당으로 '보조금 뻥튀기' 의혹을 자초했던 개혁신당이 새로운 미래 이낙연 대표와의 결별로 먹튀 논란에 휩싸였다. 개혁신당은 양 의원의 합류로 5석을 채워 지난 15일 보조금 6억 6000만원을 받았지만 통합이 깨지면서 의석수가 줄어들 위기에 놓였다. 하지만 이런 경우에 선관위가 보조금을 돌려받을 법적 절차가 없다고 한다. 국회 의석수가 '0'인 원외 정당 민생당이 올 1분기 보조금으로 2억 5000만원을 지급받은 것도 논란이다. 민생당은 4년 전 21대 총선에서 보조금 지급 기준인 득표율 2%를 넘겼다. 법적으로 문제는 없지만 정당 활동은 하지 않고 보조금만 타는

03

'유령 정당' 아니냐는 비판이 나온다. 22대 국회가 합당한 대안을 찾는 데 머리를 맞대기 바란다.

출처 : 2024년 2월 22일, 서울신문(씨줄날줄)

Ⅰ. 칼럼 소개

　대의제 민주주의는 여론정치(輿論政治)에 입각합니다. 여론(輿論, public opinion)은 사회 대중의 공통된 의견입니다. 그런데 여론이 힘을 얻기 위해서는 조직화되어야 합니다. 조직화되지 않는 여론은 메아리 없는 외침에 그칩니다. 여론이 조직화되고 통일성을 갖추었을 때 비로소 가치화될 수 있습니다. 정당은 바로 이러한 여론의 조직화·통일화·가치화라는 세 가지 기본 욕구를 충족시키기 위해 존재합니다. 그래서 오늘날 대의제 민주주의를 정당정치(政黨政治)라고도 합니다.

　정당은 첫째, 국민의 부분적 단체입니다. 정당을 'party' 혹은 'political party'라고 합니다. 일부라는 뜻의 'part'에서 온 단어임을 알 수 있습니다. 그래서 공산국가의 일당 독재는 '국가 권력을 장악한 하나의 정당이 그 권력을 독단적으로 행사하는 일'인데, 그 자체가 모순을 내포하고 있습니다. 공산국가의 일당은 부분적인 단체가 아니라 전체가 아닐까 합니다. 둘째, 자주적·계속적 단체입니다. 정당은 정치권력에 의해서 하나의 공적인 국가기관으로서 조직된 것이 아니라, 그와는 반대로 권력층의 반감과 탄압 등에 항거하여 사회 그 자체에 내재하는 정치적 요구를 조직화함으로써 성립된 것입니다. 따라서 그것은 자주적입니다. 그리고 정당은 일정한 조직을 가지며 계속성을 가지는 단체입니다. 지속성이란 일시적인 단체가 아니라 장기간에 걸쳐 존속함을 말합니다. 셋째, 정권의 획득·유지를 통해 정견(政見)을 실현시키는 단체입니다. 정권을 장악하고서도 공약한 것을 실행하려 하지 않는다면 이는 참된 정당이라 할 수 없을 것입니다.

　그래서 우리 헌법은 정당의 중요성을 감안하여 이에 관한 조항, 즉 제8조를 두었습니다. ①

정치

정당의 설립은 자유이며, 복수정당제는 보장된다. ②정당은 그 목적·조직과 활동이 민주적이어야 하며, 국민의 정치적 의사형성에 참여하는데 필요한 조직을 가져야 한다. ③정당은 법률이 정하는 바에 의하여 국가의 보호를 받으며, 국가는 법률이 정하는 바에 의하여 정당운영에 필요한 자금을 보조할 수 있다. ④정당의 목적이나 활동이 민주적 기본질서에 위배될 때에는 정부는 헌법재판소에 그 해산을 제소할 수 있고, 정당은 헌법재판소의 심판에 의하여 해산된다.

정치의 계절이 다가왔습니다. 2024년 4월 10일 국회의원 선거를 두고 하는 말입니다. 그래서 정치판은 합종연횡(合從連橫), 이합집산(離合集散)의 구태를 보이고 있습니다. 이 당, 저 당을 기웃거리는 정치인들은 대의를 말하나 사리사욕(私利私慾)으로 가득 차 있는 것 같습니다. 오늘의 주제는 정당 보조금입니다. 정치가 본래 시끄러운 것이 그 본질이지만 오늘날 대한민국의 정치는 그 범위를 넘어선 것 같습니다. 그래서 정당 보조금의 배분 기준을 의석이 아니라 다른 기준에서₩ 찾아야 할 때가 아닌가도 싶습니다.

Ⅱ. 단어 및 한자 익힘

- 경상(1) : 일정한 상태로 계속하여 변동이 없음.
  예시) 불경기로 매출이 **經常** 경비조차 감당하지 못했다.
  經常 : 經(지날 경) 常(항상 상)
 * 경상(2) : 조금 다침. 또는 그 상처.
  예시) 출근길 교통사고로 아빠는 **輕傷**을 입었다.
  輕傷 : 輕(가벼울 경) 傷(다칠 상)

- 보전(1) : 부족한 부분을 보태어 채움.
  예시) 적자를 **補塡**하기 위해서는 다른 사업이 번창해야만 했다.
  補塡 : 補(기울 보. 깁다 : (떨어지거나 해어진 곳을 꿰매다)) 塡(메울 전)
 * 보전(2) : 온전하게 보호하여 유지함.
  예시) 생태계를 **保全**하기 위해서는 환경문제에 전력을 기울여야 한다.
  保全 : 保(지킬 보) 全(온전할 전)

- 보편 : 모든 것에 공통되거나 들어맞음.
  * 보편화 : 널리 일반인에게 퍼짐. 또는 그렇게 되게 함.
    예시) 언론이 국가 권력을 감시하는 것은 세계적으로 普遍的인 현상이다.
    普遍 : 普(넓을 보), 遍(두루 편)

- 기득권 : 정당한 절차를 밟아 이미 차지한 권리.
    예시) 새로운 정책을 시도하면 항상 旣得權 세력의 반발에 부딪힌다.
    旣得權 : 旣(이미 기) 得(얻을 득) 權(권세 권)

- 전격 : 번개같이 급작스럽게 들이침.
    예시) 그 연예인은 電擊 결혼 발표를 해 팬들을 놀라게 했다.
    電擊 : 電(번개 전) 擊(칠 격)

- 자초 : 어떤 결과를 자기가 생기게 함. 또는 제 스스로 끌어들임.
    예시) 북한 역시 민족의 공멸을 自招할 최악의 사태는 원치 않는다는 신호였다.
    自招 : 自(스스로 자, self) 招(초대할 초, invite)

- 대안 : 어떤 안(案)을 대신하는 안.
    예시) 이 방법도 썩 좋지는 않으나 다른 代案이 없으니 어쩔 수 없다.
    代案 : 代(대신할 대) 案(책상 안)

Ⅲ. 생각하기

정당에 세금(稅金)이 들어간다는 것은 정당의 공공성을 인정한다는 의미입니다. 우리의 정당들이 공익을 위해 노력하는 정치결사체일까요? 몇 년 전 모 정당의 전당대회에 돈 봉투가 난무했다는 것은 무엇을 의미할까요?

정치

여야서 분출하는 개헌론, 22대 국회 개헌특위서 풀어가길

　여야에서 개헌론이 분출하고 있다. 황우여 국민의힘 비상대책위원장은 지난 18일 5·18 정신의 헌법 전문 수록과 관련해 "이왕 개헌을 한다면 근본적 문제를 함께하는 게 좋지 않을까"라고 했다. 이재명 더불어민주당 대표는 "이번에 반드시 5·18 광주 정신을 헌법 전문에 수록하는 원포인트 개헌을 꼭 해내자"고 했다. 조국 조국혁신당 대표는 그 전날 22대 국회에 개헌특위를 설치하고 제7공화국 헌법을 논의하자고 했다. 윤석열 대통령은 지난해 5·18 기념사에서 "5월 정신은 자유민주주의 헌법 정신 그 자체"라고 했다. 윤 대통령부터 여야 대표들까지 개헌 필요성에는 이견이 없는 셈이다.

　여야의 개헌 논쟁은 5·18 기념일이 계기가 됐다. 그러나 근저에는 1987년 개정된 현행 6공화국 헌법이 변화한 정치·경제·사회 현실을 담지 못한다는 문제의식이 깔려 있다. 헌법은 개정 당시의 시대상을 반영한다. 그러다보니 지금 절박한 문제가 된 기후위기·지방소멸·비정규직·생명권 등이 현행 헌법에는 비어 있다. 대통령 4년 중임제와 결선투표제, 권력구조의 분권형 개편 문제도 꾸준히 제기됐다. 그럼에도 그간의 개헌 논의는 결실을 맺지 못했다. 개헌의 한 축인 권력구조 개편 논의가 대통령 임기 단축·연장과 맞물려 담보한 것이다. 그러나 192석 거야의 탄생으로 대통령 권력과 의회 권력 간 구조적 갈등이 극에 달한 지금이야말로 협치 제도화를 위한 개헌 논의의 적기라고 볼 수 있다.

　여야의 개헌론은 개헌 범위를 두고 표면상으로 '원포인트 개헌론'(이재명 대표)과 '근본적 개헌론'(황우여 비대위원장, 조국 대표)으로 나뉘고 있다. 그러나 이 대표의 원포인트 개헌론은 헌법 전문에 5·18 정신이라도 먼저 담자는 단계적 개헌론에 가까워 보인다. 개헌 방향과 실현 가능성이 문제이지, 낡고 좁은 헌법을 고쳐야 한다는 데 여야 간 입장차는 없다는 뜻이다.

　우원식 국회의장 후보는 "권력구조의 개편, 삼권분립을 확실히 하는 내용 등을 담은 개헌을 아주 중요한 과제로 삼을 것"이라고 했다. 그 말대로 22대 국회는 개헌특위를 구성해 개헌 논의에 착수해야 한다. 개헌 방향과 범위 역시 그 안에서 논의할 수 있다. 국

03

> 가・사회의 최고 규범인 헌법과 시대정신의 불일치를 계속 **방치**하는 건 국회의 직무유기다. 이제 그 **직무유기**를 끝낼 때가 됐다.
>
> 출처 : 2024년 5월 20일, 경향신문(사설)

Ⅰ. 사설 소개

헌법(憲法)이라는 용어는 영어의 'constitution'을 번역한 것으로 원래 국가의 조직・구조・체제라는 의미를 가지는 것이었습니다. 오늘날에 와서는 헌법이란 '국가적 공동체의 존재 형태와 기본적 가치 질서에 관한 국민적 합의를 법규범적인 논리체계로 정립한 국가의 기본법'으로 이해합니다. 참고로 'constitution'의 동사형인 'constitute'는 " if several people or things constitute something, they are the parts that form it "로 설명됩니다.

헌법과 관련하여 제정(制定)과 개정(改定)이라는 용어가 있습니다. 제정이란 정치적 공동체의 형태와 기본적 가치질서에 관한 국민적 합의를 법규범체계로 정립하는 것을 말합니다. 즉 국민적 합의를 규범체계화하는 것을 헌법제정이라고 하는데, 이때 헌법제정권력의 주체, 헌법제정권력의 행사방법, 헌법제정권력의 한계, 헌법제정의 정당성 문제가 부수적으로 따르게 됩니다. 1948년 7월 17일 제헌국회에서 공포한 대한민국 최초의 헌법을 우리나라의 제헌헌법이라고 합니다. 여기서 제헌(制憲)이란 헌법을 만들어 정함을 말합니다.

다음은 오늘의 주제와 관련한 헌법개정입니다. 헌법제정이 헌법을 시원적으로 창조하는 것이라면, 헌법개정은 기존의 헌법을 고쳐 다시 정함을 뜻합니다. 그래서 제정된 헌법의 범위내라는(최소한 이론적으로는) 한계가 있습니다. 그리고 헌법제정권력은 시원성(始原性)・자율성(自律性)이라는 본질적 속성 때문에 그 행사를 규율하는 법규범적 절차가 존재하지 아니하나, 헌법개정권력은 헌법이 규정한 절차에 따라 행사되어야 하고 이에 반하는 헌법개정은 위헌무효가 됩니다.

정치

우리나라는 대통령 중심제 국가형태를 취하고 있습니다. 이와 비슷한 곳이 미국입니다. 미국은 대통령 중심제이지만 4년 중임의 형태이나, 우리는 5년 단임입니다. 그 차이는 물론 우리와 미국의 정치환경이나 걸어온 헌정질서가 다른 이유가 가장 클 것입니다. 우리는 독재의 쓴맛을 보았습니다. 그러다 보니 1987년 헌법을 개정하면서 독재 권력의 발생 방지에 가장 염두(念頭)에 두었습니다.

현행 헌법이 시행된 지도 근 40년이 가까워지고, 촛불 행동을 통해 알게 되었듯이 독재자가 자랄 수 있는 환경 자체가 불가능합니다. 그리고 5년 단임의 폐해도 부정할 수 없습니다. 사설에서 소개된 기후위기, 지방소멸, 결선투표제 외에도 저출산, 만성적인 실업 등 새로운 환경의 대두로 이에 대처할 수 있는 새로운 그릇(개정된 헌법)이 필요한 시기가 도래했다고 볼 수 있을 것입니다.

II. 단어 및 한자 익힘

- 분출 : 요구나 욕구 따위가 한꺼번에 터져 나옴. 또는 그렇게 되게 함.
  예시) 동생은 자신의 욕구를 한꺼번에 엄마 앞에서 **噴出**했다.
  噴出 : 噴(뿜을 분) 出(날 출)

- 이견 : 어떠한 의견에 대한 다른 의견. 또는 서로 다른 의견.
  예시) 양편의 **異見**을 좁히지 못해서 협상이 결렬되었다.
  異見 : 異(다를 이) 見(볼 견)

- 근저 : 사물의 뿌리나 밑바탕이 되는 기초.
  예시) 작품의 **根底**에 흐르는 정서는 애국주의이다.
  根底 : 根(뿌리 근) 底(밑 저)

03

- 답보 : 상태가 나아가지 못하고 한자리에 머무르는 일. 또는 그런 상태.
    예시) 우리나라의 현재 교육 여건은 10년 전의 상태를 그대로 踏步하고 있다.
    踏步 : 踏(밟을 답) 步(걸음 보)

- 거야 : 거대 야당의 줄임말.

- 적기 : 알맞은 시기.
    예시) 지금이 선생님에게 그 말을 할 適期이다.
    適期 : 適(알맞을 적) 期(기약할 기)

- 방치 : 내버려 둠.
    예시) 영국은 프랑스가 난민들의 영국행을 放置하고 있다고 비판했다.
    放置 : 放(놓을 방) 置(둘 치, 둘은 두다. lay)

- 직무유기 : 맡은 일이나 책임을 다하지 않고 방치함.
    예시) 국정 현안들을 국회가 외면하는 것은 職務遺棄나 다름없다.
    職務遺棄 : 職(직분 직) 務(힘쓸 무) 遺(남길 유) 棄(버릴 기)

III. 생각하기

현행 헌법의 헌법개정 절차입니다.
1. 헌법개정은 국회재적의원 과반수 또는 대통령의 발의로 제안된다.
2. 제안된 헌법개정안은 대통령이 20일 이상의 기간 이를 공고하여야 한다.
3. 국회는 헌법개정안이 공고된 날로부터 60일 이내에 의결하여야 하며, 국회의 의결은 재적 의원 3분의 2 이상의 찬성을 얻어야 한다.
4. 헌법개정안은 국회가 의결한 후 30일 이내에 국민투표에 붙여 국회의원선거권자 과반수 의 투표와 투표자 과반수의 찬성을 얻어야 한다.
5. 헌법개정안이 찬성을 얻은 때에는 헌법개정은 확정되며, 대통령은 즉시 이를 공포하여야 한다.

정치

해도 너무한 선거용 지방행차, 이런 '귀틀막 대통령' 없었다

윤석열 대통령이 7일 18번째 민생토론회 장소로 인천을 찾았다. 이번에도 "인천의 경쟁력을 높이는 것이 대한민국 도약의 지름길"이라며 지역 개발 약속을 쏟아냈다. 항공·항만·철도·도로와 배후부지까지 거론할 수 있는 건 다 망라했다. 새해 1월4일 첫 토론부터 이날까지 64일 동안 민생토론은 매번 이랬다. 전국을 돌며 선심성 약속이나 표심을 자극하는 개발 청사진만 쏟아냈다. 그러다 '총선 개입' 논란이 커지더니 급기야 고발전으로 번졌다.

윤 대통령의 18번 민생토론회는 선거용 의혹을 살 만하다. 시기·장소부터 묘하다. 총선 전 100일이면 행여 시비에 휘말릴까 자제하는 것이 통상이다. 하지만 윤 대통령은 그 시기에 3.5일에 한 번, 즉 매주 두 번꼴로 전국을 순회했다. 대전·충남을 포함해 경부축을 중심으로 수도권과 영남권을 오갔다. 국민의힘 표 결집이 필요하거나 격전이 예상되는 곳들이다.

토론회 형식과 내용은 더욱 부적절하다. 윤 대통령이 정부 계획을 죽 밝히면, 참석자들이 그 정책이 필요한 고충을 이야기하고, 정부 관계자 답변과 윤 대통령 마무리 발언이 이어지는 식이다. 애초 반대 의견이나 다른 질문이 나올 공간은 없다. 각본에 따른 '일방 홍보쇼'라 해도 할 말이 없다. 내용도 그린벨트·군사보호구역 해제, 재건축 규제 완화, 가덕도·대구경북 신공항 같은 개발 공약이거나 상속세 완화, 국가장학금 대폭 확대 등 선심성 계획들로 점철됐다. 대규모 재원이 들거나 국회 입법이 필수지만 재원 대책 등은 없다. 일단 던져놓고 보는 '선거 공약' 의심이 들고, 재탕도 많다. 정작 시민들이 힘들어하는 고물가·고금리 등 민생 대책은 보이지 않는다.

더불어민주당은 이날 '관권 선거'라며 윤 대통령을 공직선거법 위반 혐의로 서울경찰청에 고발했다. 공직선거법은 공무원의 선거 개입 금지(85조)를 규정하고, 구체적 사례의 하나로 '즉시 진행하지 않을 사업의 기공식을 하는 행위'(85조1항5호)를 제시하고 있다. '당장 하지 않는 사업 발표'를 윤 대통령이 쏟아내는 건 누가 봐도 '선거에 영향을 미

> 치려는 행위'로 보인다. 그럼에도 대통령실은 "대통령이 열심히 민생을 챙기는 것"이라며 **요지부동**이다. 이러니 **입틀막**에 더해 '**귀틀막** 대통령'이란 이야기가 나올 수밖에 없다.
>
> 출처 : 2024년 3월 8일, 경향신문(사설)

Ⅰ. 사설 소개

민주주의는 정치에 있어 투입(投入, input)의 문제입니다. 누가 국가의 주권자인가, 국민들이 어떠한 절차를 통해서 대표자를 선출하는가, 정당과 이익집단이 정치과정에서 어떠한 역할을 하는가 등 법과 정책의 결정 주체와 그 결정 과정이 정치에 있어서 투입의 과정에 해당합니다. 이 부분에서 우리나라는 큰 문제가 없다고 생각합니다.

다음은 산출(産出, output)의 문제입니다. 산출이란 제도가 어떤 결과를 낳고 사람들의 삶에 어떠한 영향을 미치는가의 문제입니다. 세계의 많은 나라들이 민주주의 기본적인 내용들을 제도화하고 실행했음에도 불구하고 그것이 반드시 삶의 질의 개선으로 이어졌는지에 대해서는 의문점이 남습니다. 대한민국의 자살률은 세계 최고이며 출생률은 바닥을 기고 있습니다. 민주주의를 제도화시켰음에도 이렇다면, 지금의 민주주의를 뛰어넘는, 아니 보완할 수 있는 제도가 필요하지 않을까 합니다.

2024년 4월 10일은 제22대 국회의원 선거가 있는 날입니다. 위에서 말한 투입이 있다는 말입니다. 여당과 야당들은 더 많은 의석수를 확보하기 위해 더 그럴듯한 후보자 선정작업에 구슬땀을 흘립니다. 여당(與黨)은 정권을 잡고 있는 정당을, 야당(野堂)은 현재 정권을 잡고 있지 아니한 정당을 말합니다. 일반적으로는 야당을 영어로 'opposition party'라고 하지만 the party out of power로 영어신문에서 표현한 것이 기억납니다.

윤석열 대통령이 취임(就任)한 지 2년 가까이 되지만 지지율은 역대 어느 대통령보다 낮고,

정치

여당의 국회의원 의석수도 야당에 비해 현저히 적어 국정 수행에 어려움이 많을 것입니다. 그래서일까요? 국회의원 선거가 다가오면서 윤석열 대통령은 선거 개입이라는 비난에도 불구하고 민생토론회라는 명분으로 전국을 순회하고 있습니다. 물론 여당의 의석수를 늘리기 위한 것임은 분명해 보이지만 대통령의 직무수행이라는 그럴듯한 명분을 내세운다면 이 또한 어쩔 수 없어 보입니다. 이를 두고 이현령비현령(耳懸鈴鼻懸鈴)이라는 말이 생각납니다. "귀에 걸면 귀걸이 코에 걸면 코걸이라는 뜻으로, 어떤 사실이 이렇게도 저렇게도 해석됨을 이르는 말"입니다.

대통령 입장에서는 자신과 뜻을 같이 하는 여당이 다수당이 될 때 국정 수행이 원할 할 수 있을 것입니다. 그래서 자기도 모르게 선거운동을 하고자 하는 본능이 작동할 수도 있을 것입니다. 그러나 대통령은 공무원입니다. 공무원은 국민 전체가 봉사의 대상입니다. 어느 특정 정파를 위한 공무원이 아닙니다. 그래서 헌법에서는 공무원의 정치적 중립을 강조하고 있습니다. (헌법 제7조 ①공무원은 국민전체에 대한 봉사자이며, 국민에 대하여 책임을 진다. ②공무원의 신분과 정치적 중립성은 법률이 정하는 바에 의하여 보장된다) '오얏나무 아래에서는 갓끈을 고쳐매지 말라'는 우리의 속담이 있습니다. 오얏나무는 자두나무입니다. 갓끈을 고쳐매다가는 자두를 따 먹으려는 오해를 살 수가 있습니다. 의심받을 행동을 하지 말라는 뜻입니다.

맨날 싸운다는 지청구를 듣는 대한민국의 정치입니다. 정치는 분명 싸움의 일면이 있습니다. 다만 우리의 싸움이 건설적인지에 대해서는 많은 사람이 동의하지 않습니다. 대통령은 정치의 산출에 대해 보다 깊은 고민이 필요하다고 생각합니다. 민주주의를 행함에도 불만스러운 대한민국의 현주소를 개선시킬 고민 말입니다.

II. 단어 및 한자 익힘

- 도약 : 더 높은 단계로 발전하는 것을 비유적으로 이르는 말.
  예시) 개발 도상국에서 선진국으로의 跳躍은 쉽지 않은 일이다.
  跳躍 : 跳(뛸 도) 躍(뛸 약)

03

- 망라 : 물고기나 새를 잡는 그물이라는 뜻으로, 널리 받아들여 모두 포함함을 이르는 말.
  예시) 그의 작품 역시 그의 사랑과 그의 정부들과 그의 아이들에 관한 이야기로 그의 생애를 網羅한 하나의 자서전인 것이다.
  * 총망라 : 전체를 모아 포함시킴.
  예시) 이번에 내려온 지침서에는 작업 규칙이 總網羅가 되어 있다.
  總網羅 : 總(다 총) 網(그물 망) 羅(벌일 라)

- 선심, 선심성
  * 선심 : 남에게 베푸는 후한 마음.
  * 선심성 : 남의 마음을 사려는 의도로 남에게 베푸는 후한 마음의 성질.
  예시) 국회의원 후보가 지역 주민들에게 善心性 행사를 개최하는 것은 법에 위반된다.
  善心性 : 善(착할 선) 心(마음 심) 性(성품 성)

- 점철되다
  ① 흐트러진 여러 점이 서로 이어지다.
  ② 관련이 있는 상황이나 사실 따위가 서로 이어지다.
  예시) 이번 대회는 동, 하계올림픽을 세계 최초로 동시에 개최한 베이징을 기억하기보다는, '논란'으로 點綴된 '사고의 올림픽'으로 기억될 가능성이 높다.
  點綴 : 點(점 점) 綴(엮을 철)

- 재탕
  ① 한 번 달여 먹은 한약재를 두 번째 달이는 일. 또는 그런 탕약.
  ② 한 번 썼던 말이나 일 따위를 다시 되풀이함을 비유적으로 이르는 말.
  예시) 그 이야긴 저 친구가 이미 再湯까지 다 했네.
  再湯 : 再(다시 재) 湯(끓을 탕)

- 요지부동 : 흔들어도 꼼짝하지 아니함.
  예시) 꽉 닫힌 대문의 문고리를 몇 번이나 밀고 당겨보았으나 搖之不動이었다.
  搖之不動 : 搖(흔들 요) 之(갈 지) 不(아니 부) 動(움직일 동)
  ※ 不(아니 불)은 ㄷ, ㅈ 앞에서는 '부'로 읽음(부동산, 부도덕, 부정확)

정치

- 입틀막, 귀틀막
    * 입틀막 : '입을 틀어막다'를 줄여 이르는 말. 놀라서 벌어진 입을 막을 정도로 벅차오를 때 씀. 여기서는 대통령에게 질문을 막는 행태를 비유적으로 쓴 표현임.
      예시) 눈 앞에 펼쳐진 멋진 풍경. **입틀막**. 꼭 다시 오고 싶다.
    * 귀틀막 : 통나무로 '井' 자 모양의 벽을 쌓아서 허름하게 지은 막. 여기서는 대통령이 국민의 소리를 듣지 않음을 비유적으로 쓴 표현임.

Ⅲ. 생각하기

아슬아슬한 줄타기를 하는 것 같습니다. 곧 선거(選擧)가 있습니다. 대통령이니 여당이 승리하길 바랄 것입니다. 그런데 대통령은 중립을 지켜야 합니다. 중립시비에 휘말리어 탄핵을 당할 수도 있습니다.

선거여론조사 블랙아웃

4·10 총선을 앞두고 오늘부터 새로운 여론조사 결과를 알 수 없다. 공직선거법이 선거일 전 6일부터 투표 마감 때까지 정당 지지도나 당선 예상자에 대한 여론조사 발표를 금지했기 때문이다. 이른바 '<u>블랙아웃</u>'이다. 대세를 <u>추종</u>하는 '<u>밴드왜건</u>' 효과, 열세에 놓인 후보자를 응원하는 '<u>언더독</u>' 효과 등 막판 <u>판세</u>가 표심을 결정하는 현상이 금지가 필요한 이유로 꼽힌다.

<u>맹점</u>이 있다. 3일까지 조사한 결과는 금지 기간 전 조사했다는 점을 밝히면 보도할 수 있다. 선거운동이 절정에 달할 때 과거 정보가 제공된다. 발표나 보도만 금지될 뿐 여론조사는 진행된다. 정당이나 언론사는 알고 유권자는 모르는 상황이다. 선진국들은 블랙아웃이 없거나 금지하더라도 기간이 짧다. 프랑스는 7일이었다가 선거일 포함 2일로, 캐나다는 3일이었다가 선거일 당일로 줄였다. 미국, 영국, 일본, 스웨덴 등은 금지 기간이 없다. 중앙선거관리위원회가 지난해 1월 블랙아웃을 폐지하는 법안을 국회에 제출했지만 논의조차 이뤄지지 않았다.

블랙아웃이 폐지돼도 걱정은 남는다. 2014년 선거여론조사심의위원회(여심위) 설치, 2017년 선거여론조사기관 등록제 도입 등 관련 규제가 꾸준히 강화됐지만 여론조사가 유권자의 생각을 제대로 반영하고 있는지는 다른 문제다. 우리나라의 여론조사 응답률은 전화받은 사람 중 끝까지 응답한 사람의 비율이다. 국제기준은 전화했는데 안 받은 사람 수까지 계산한다. 여심위 홈페이지에 공개된 응답률에 접촉률을 곱해야 국제기준이 된다. 연합뉴스와 연합TV가 어제 발표한 비례정당 지지도 조사의 응답률은 12.4%, 접촉률은 30.4%다. 국제기준 응답률은 3.8%, 즉 100명 중 4명 정도가 응답했다는 뜻이다. 낮지만 같은 날 발표된 다른 언론사의 비례정당 지지도 조사(0.78%)에 비하면 매우 높다. 응답률이 낮을수록 극소수의 적극적 정치 관심층만 응했다는 뜻이다.

응답률을 높이기 위해 응답률 5% 미만 선거여론조사 <u>공표</u> 금지, 성실 응답자 인센티브 제공 등 다양한 아이디어가 나오고 있다. 유권자가 여론조사 시점을 따져 보는 기간이

정치

> 하루나 이틀이면 몰라도 거의 일주일은 무리다. 블랙아웃 축소 또는 폐지도 필요하지만 당장 응답률부터 높여야 한다.
>
> 출처 : 2024년 4월 4일, 서울신문(씨줄날줄)

Ⅰ. 칼럼 소개

영어권에서는 정치인을 흔히 'dog'(개)라고 합니다. 주인(유권자)을 위해 지치지도 않고 일한다는 의미입니다. 형용사형인 'dogged'는 포기하지 않는 끈질김을 나타내기도 합니다. 사전에서는 'dogged behaviour'를 "you are very determined to continue doing something"로 설명합니다. 물리적인 개싸움의 끝에는 항상 한 마리는 승자로서 위에, 다른 한 마리는 패자로서 아래에 위치합니다. 그래서 'Top dog'는 개들의 치열한 싸움에서 최고 승자(勝者)를 말합니다. 반대로 'Underdog'은 약자나 패자(敗者)를 뜻합니다. 오늘의 칼럼에서 언더독 효과(underdog effect)는 경쟁에서 열세에 있는 약자를 더 응원하고 지지하는 심리 현상을 뜻합니다(Top dog은 띄어 쓰지만 Underdog은 붙여 씀)

우리에게는 퍼레이드(parade) 문화가 널리 퍼져있지 않지만, 서양은 다른가 봅니다. 퍼레이드 등에서 음악을 연주하며 행렬을 선도하는 악대차를 밴드왜건(band-wagon)이라고 부릅니다. 밴드왜건이 지나갈 때는 처음 몇몇 사람의 호기심(好奇心) 때문에 모이고, 이를 본 주변 사람들은 퍼레이드로 모이는 사람을 보고 무엇인가 있을 것이라는 기대 때문에 더 많이 몰려들게 됩니다. 이와 같이 어떤 재화나 서비스의 경우 누군가 가 이에 대한 수요를 늘릴 경우 이전에는 해당 재화나 서비스에 대한 별다른 필요를 느끼지 않던 사람들도 타인의 수요에 편승(便乘)하여 수요를 늘리는 경우가 있는데 이러한 현상을 퍼레이드의 악대차에 빗대어 밴드왜건 효과 또는 편승 효과라고 합니다. 물론 경제학에서 나오는 이야기입니다. 우리 속담에도 '남이 장에 갈 때 따라간다'도 이와 비슷하다 하겠습니다. 선거를 앞두고 실시하는 사전(事前) 여론조사나 유세 운동 등에서 우세하다고 가늠되는 후보 쪽으로 유권자들의 표가 집중되는 현상을 표현할 때

03

쓰입니다.

　전기 사정이 좋지 않던 때 우리에게도 정전(停電, blackout 혹은 power cut)이 자주 있었습니다. 정전은 오던 전기가 끊어짐을 뜻합니다. 정전이 되면 암흑천지(暗黑天地)가 됩니다. 그래서 영어에서도 'blackout'을 정전 외에 "a situation in which particular pieces of news or information are not allowed to be reported"로도 설명합니다.

　선거를 일주일 앞두고 여론조사 공표가 금지되었습니다. 그 취지는 밴드왜건 효과나 언더독 효과를 차단함이라고 하지만 역으로는 유권자가 흔들리는 갈대라는 뜻일 것입니다. 그래서 국민의 알 권리 차원에서 여론조사 공표 금지를 폐지해야 한다는 여론도 힘을 얻습니다. 선진국에서는 여론조사 공표를 금지하는 조항이 없거나, 있더라도 우리처럼 6일이 아니라 그 금지 기간이 아주 짧은 2일 정도라 합니다. 여러분의 생각은 어떠신지요?

Ⅱ. 단어 및 한자 익힘

- 블랙아웃, 밴드왜건, 언더독 : 소개 글 참고.

- 추종
  ① 남의 뒤를 따라서 좇음.
  ② 권력이나 권세를 가진 사람이나 자신이 동의하는 학설 따위를 별 판단 없이 믿고 따름.
  예시) 서구를 너무 **追從**하다 보면 자기 것을 잃어버리기 쉽다.
  追從 : 追(쫓을 추) 從(쫓을 종)
  cf) 타의 추종을 불허하다 : (비유적으로) 실력이 매우 뛰어나 비교 대상이 없다.

- 판세 : 판의 형세.
  *판 : 일이 벌어진 자리. 또는 그 장면.
  　예시) 선거 **판勢**를 읽지 못하면 패하게 마련이다.

정치

판勢 : 판勢(형세 세)

● 맹점 : 미처 생각이 미치지 못한, 모순되는 점이나 틈.
예시) 그 친구가 펴는 이론에 중대한 盲點이 있는데 그걸 딱히 꼬집어 반박할 수가 없었다.

盲點 : 盲(장님 맹) 點(점 점)

● 공표 : 여러 사람에게 널리 드러내어 알림.
예시) 학회는 결정적 증거가 나오기 전까지 새 학설의 公表를 미루기로 결정했다.

공표 : 公(공평할 공) 表(겉 표)

*공포(1) : 일반 대중에게 널리 알림.
예시) 루시법은 2018년 영국에서 公布된 동물보호법이다.

公布 : 公(공평할 공) 布(베 포, 펼 포)

*공포(2) : 두렵고 무서움.
예시) 코로나로 恐怖에 떤 사람이 있었다.

恐怖 : 恐(두려운 공) 怖(두려운 포)

III. 생각하기

우리나라 헌법재판소(憲法裁判所)가 1995년과 1999년 두 차례 결정을 내리면서 "선거에 영향을 미쳐 국민의 진의를 왜곡하고 선거의 공정성을 저해할 우려가 있다"고 'blackout'을 합헌이라고 판결한 적이 있습니다. 그렇지만 국민을 주권자로 보는 것이 아니라 대상자로 낮춰보기 때문이라는 지적을 피하기 어렵습니다.

야구배트보다 긴 비례대표 투표용지

4월 10일 실시되는 22대 총선의 유권자들은 투표소에서 어지간한 성인 남성 키의 절반 정도 되는 긴 초록색 용지를 1장씩 받게 될 것 같다. 노란색 용지는 지역구, 초록색은 비례대표용 투표용지인데 비례대표 선거에 후보를 내는 정당이 크게 늘기 때문이다. 정신을 바짝 차리지 않고 기표했다가는 자칫 엉뚱한 정당에 표를 주거나 무효표를 양산할 가능성이 커졌다.

▷15일 현재 중앙선거관리위원회에 등록됐거나 창당을 준비 중인 정당은 71개다. 위성정당을 만든 국민의힘, 더불어민주당을 뺀 나머지 69개 정당이 모두 비례대표 후보를 낸다면 투표용지 길이는 88.9cm가 된다. 야구 배트 평균 길이 83.82cm보다도 길다. 이런 일이 벌어진 것은 21대 총선부터 정당 득표율에 비해 지역구 의석을 적게 얻은 정당이 비례대표 의석 배분에서 유리한 준연동형 비례대표제가 도입되면서다. 비례대표 할당 하한선인 '정당 득표율 3%'만 넘기면 예전보다 많은 의석을 가져갈 수 있다는 기대에 너나없이 욕심을 내보는 상황이 됐다.

▷유권자들로서는 비례대표 투표가 더 복잡해지게 됐다. 좁은 기표소 안에서 긴 투표용지를 위아래로 움직이면서 지지 정당의 이름을 찾아야 하는데, 눈이 어둡거나 거동이 불편한 이들은 실수하기 쉬운 환경이다. 이는 무효표 증가로 이어진다. 실제로 21대 총선 비례대표 선거에서 무효표는 122만여 표로 20대 총선 66만여 표의 2배 가까이로 늘었다. 비례대표 후보를 낸 정당 수가 14개 증가했고, 투표용지 길이도 15cm가량 길어진 것이 주된 요인으로 분석됐다.

▷그렇다고 이런 불편을 감수할 만큼 준연동형 비례대표제가 순기능을 하는지도 의문이다. 21대 총선에서 35개 정당 중 비례대표 당선자를 낸 정당은 5개에 불과했고, 비례 의석 대부분을 거대 양당의 위성정당이 차지했다. 소수 정당의 원내 진출을 늘린다는 이 제도의 본래 취지가 무색해졌다. 14개 정당은 0.1%에도 미치지 못하는 미미한 지지율을 얻었다. 이름을 처음 듣는 정당이 대부분인 이번 총선 역시 비슷한 양상이 반복될 소지가

정치

크다. 긴 투표용지를 만드느라 종이만 낭비하고, 174억 원을 들여 도입한 신형 분류기와 심사계수기를 <u>무용지물</u>로 만드는 허무한 결과로 끝날 수도 있다.

▷이런 문제점들은 4년 전에 이미 다 드러났고, 여야 모두 개선하겠다고 목소리를 높였다. 하지만 달라진 건 없다. 민주당은 한동안 이런저런 방안을 고민하는 듯하더니 결국 '현상 유지'를 택했고, 이를 비판하던 국민의힘은 되레 민주당보다 먼저 위성정당을 만들었다. 총선이 끝나면 '떴다방 선거'가 돼버린 비례대표 선거를 비판하는 여론이 다시 한번 <u>분출</u>할 것이다. 이번에는 말로 끝나서는 안 된다.

출처 : 2024년 3월 17일, 동아일보(횡설수설)

I. 칼럼 소개

선거제도(選擧制度)는 투표의 방식, 승자 선정의 원칙 등 선거와 관련된 다양한 요소를 포함하여 선거를 치르는 데 요구되는 규칙을 의미합니다. 그리고 선거제도는 나라마다 조금씩 다른 특성과 원칙을 갖고 있기에 현실적으로 무수히 많은 선거제도가 존재한다고 볼 수 있습니다. 오늘은 2024년 4월 10일 제22대 국회의원 선거와 관련하여 선거제도를 살펴보고자 합니다.

국회의원(國會議員)을 뽑는 방법에는 다수제, 비례대표제, 혼합형이 있습니다. 다수제는 단순 다수제와 절대 다수제로 구분됩니다. 단순 다수제는 가장 많은 득표를 한 후보자를 당선되도록 한 제도입니다. 2000년 제16대 국회의원 선거에서 각각 16,675표와 16,672표를 득표한 후보자가 3표 차이로 당락(當落)이 갈린 경우도 있었습니다. 절대 다수제는 과반 이상을 득표한 당선자를 결정하도록 하는 제도입니다. 우리나라는 단순 다수제를 채택하고 있습니다.

비례대표제(比例代表制)는 지역구에서 후보자를 선출하지 않고 정당 명부(名簿, list)에 의해서 의원을 선출하는 방식입니다. 즉 정당이 후보자의 명부를 유권자에게 제시하고 유권자들은

03

원칙적으로 개별 후보자보다는 정당을 선택하도록 하는 방식입니다. 각 정당의 의석은 득표 비율에 거의 비례하여 배분되기 때문에 비례성이 매우 높은 제도입니다. 그래서 비례대표제를 정당 명부식 비례대표제라고도 칭합니다. 비례대표가 생긴 취지는 다수제에서 발생하는 사표를 방지할 수 있고 소수 정당에 의회진출의 기회를 줌으로써 정당정치의 발전에 기여한다는 점입니다. 그러나 군소정당의 난립을 초래할 위험성 등 역기능도 있을 수 있습니다.

혼합형(混合型) 선거제도는 다수제 방식과 비례대표제 방식이 섞여 있습니다. 이 제도는 두 가지로 구분되는데 하나는 다수제 혼합형, 다른 하나는 비례대표제 혼합형입니다. 둘 다 1인 2표제 방식으로 지역에서 한 표, 또 다른 한 표는 정당에 투표하는 것입니다.

다수제 혼합형 선거제는 병립형 혼합선거제라고도 불리는데, 지역구 투표의 결과와 정당 명부(名簿) 투표의 결과를 단순히 합산(合算)합니다. 예를 들어, 500석의 의회 정원 가운데 250석은 지역구에서 선출하고, 나머지 250석을 정당 명부 비례대표제로 선출한다고 가정한다면, 어떤 정당이 지역구에서 70석을 얻었고, 정당투표에서 20%를 얻었다면 이 정당은 70석 + (250×0.2=50) 50석, 즉 120석을 차지하게 됩니다.

비례대표제 혼합형 선거제는 연동형 혼합선거제라고도 불립니다. 연동형이라는 표현이 들어간 것은 정당의 의석 배분이 정당투표에 연동되기 때문입니다. 앞의 예처럼 어떤 정당이 지역구에서 70석을 얻고 정당투표로 20%를 얻는다면 이 정당에게 배분되는 의석은 전체 의석 500석 가운데 20%인 100석이 됩니다. 그래서 지역구에서 얻은 70석이 있기에 30석은 비례대표로 주어집니다. 그러니까 지역구에서 채우지 못한 의석을 비례대표에서 정당 득표율만큼 채워주는 제도라고 할 수 있습니다. 병립형과 연동형의 산식(算式)에서 정당투표율을 곱하는 대상이 병립형이 비례대표 의석수라면 연동형은 전체 의석수입니다.

우리의 현행 제도를 설명하겠습니다. 우리는 순수한 연동형제가 아닌 준연동형제입니다. 300명의 국회의원은 지역구 253석, 비례대표 47석으로 나뉩니다. 비례대표 47석 중 30석에만 연동률 50%을 적용해서 지역구 결과를 더하는 방식입니다. 만약 정당 득표를 10% 했다면 연동형처럼 30(300×10%)석이 아니라 그 절반(준연동형)인 15석을 채우게 됩니다. 지역구에서 10석을 얻었다면 비례대표 5석을 준다는 뜻입니다. 그리고 비례대표제 할당 몫 47석 중에서 30석

정치

을 제외하고 나면 나머지 17석은 정당 득표율에 따라 배분하는 방식입니다. 비례대표제를 도입한 이유는 지역구 선거에서 반영되기 힘든 국민의 뜻을 반영하기 위한 제도적 장치입니다.

준연동형 비례대표제는 거대 양당의 독식을 막고 소수 정당의 원내 진출을 늘리자는 명분으로 민주당과 정의당이 주도해 21대 총선 때 처음 도입되었습니다. 하지만 여야 양당이 꼼수로 위성 정당을 만들어 비례대표까지 나눠 먹으면서 그 취지는 사라지고 양당 구도만 견고해졌습니다. 21대 당시 반짝 나타났다 사라진 '떴다방' 정당 35개가 난립하면서 투표용지는 48cm나 됐다고 합니다. 22대 국회의원 선거도 선거용 위성 정당이 만들어지는 등 21대 선거를 답습하고 있습니다. 제도 개선을 약속하고도 이행하지 않은 국회의원은 국민을 기만한 죄로 퇴출시켜야 하지 않을까 싶습니다.

Ⅱ. 단어 및 한자 익힘

- 기표 : 투표용지에 써넣거나 표시를 함.
  예시) **記票**가 끝난 후 바로 개표가 시작되었다.
  記票 : 記(기록할 기) 票(표 표)

- 양산(1) : 많이 만들어 냄.
  예시) 생산 자동화로 상품의 **量産** 체계가 확립됐다.
  量産 : 量(헤아릴 양) 産(낳을 산)
  *양산(2) : 주로, 여자들이 볕을 가리기 위하여 쓰는 우산 모양의 큰 물건.
  예시) 거리에는 햇볕이 너무 강해 **陽傘**을 펼쳐 든 사람들이 많았다.
  陽傘 : 陽(볕 양) 傘(우산 산)

- 거동 : 몸을 움직임. 또는 그런 짓이나 태도.
  예시) **擧動**이 불편한데도 많은 노인이 거리에 나오셨다.
  擧動 : 擧(들 거, 들다는 lift) 動(움직일 동)

03

- 무색하다 : 본래의 특색을 드러내지 못하고 보잘것없다.
  예시) 그는 궁전이 **無色할** 정도의 큰 저택에서 살았다.
  無色 : 無(없을 무) 色(빛 색)

- 양상 : 사물이나 현상의 모양이나 상태.
  예시) 오늘 경마 경기는 선두마가 여러 번 바뀌는 접전의 **樣相**을 띠었다.
  樣相 : 樣(모양 양) 相(서로 상)

- 무용지물 : 쓸모없는 물건이나 사람.
  예시) 빈둥빈둥 놀면서 밥만 축내는 사람은 우리 사회의 **無用之物**이야.
  無用之物 : 無(없을 무) 用(쓸 용) 之(갈 지) 物(물건 물)

- 분출 : 요구나 욕구 따위가 한꺼번에 터져 나옴. 또는 그렇게 되게 함.
  예시) 동생은 자신의 욕구를 한꺼번에 엄마 앞에서 **噴出**했다.
  噴出 : 噴(뿜을 분) 出(날 출)

III. 생각하기

본래 비례대표는 지역구에서 반영되기 어려운 국민의 의사를 반영하기 위한 보조적인 수단입니다. 현재의 선거제도가 본래의 취지를 반영하고 있는지는 의문입니다.

정치

'검투사 정치'

4·10 총선을 지배하는 정서는 적의와 증오다. 여야는 '내가 승리하면 세상을 어떻게 바꾸겠다'고 말하기보다 '상대가 승리하면 세상은 지옥이 된다'고 악마화하기 바쁘다. 민주주의 정치는 상대에 대한 인정과 존중을 토대로 때로 싸우고 때로 협력할 때 작동한다. 그러나 지금 여야에 상대는 제거해야 할 적 이상도 이하도 아니다. 여당 대표에게 야당 대표는 '범죄자' '쓰레기' '정치를 개같이 하는 사람'이고, 야당 대표에게 여당 대표는 '총선 뒤 수사를 받아야 할 사람'이다. 상대를 인정하지 않으니 대화가 없고, 대화가 없으니 타협도 없다. 협치는 언감생심이다. 고질병인 한국 정치의 양극화가 극에 달했다.

여야에 이번 총선은 극한의 생존게임이다. 윤석열 대통령과 한동훈 국민의힘 비상대책위원장은 조국 조국혁신당 대표 일가를 수사해 기소했다. 윤석열·한동훈 검찰은 이재명 더불어민주당 대표 부부를 기소했고, 일부 혐의는 지금도 수사 중이다. 문재인 정부 인사들도 여러 죄목으로 대거 기소했다. 이번 총선에서 여당이 승리하면 이 기조가 이어질 가능성이 크다. 민주당은 채 상병·이종섭 쌍특검과 채 상병 국정조사를 추진하고 '김건희 특검법'을 재발의하겠다고 했다. 조국 대표는 '한동훈 특검법'을 발의하겠다고 했다. 모두 윤 대통령 부부와 한 위원장을 겨냥한 것이다. 야당 일각에서는 윤 대통령 탄핵 얘기도 나온다. 총선 결과에 따라 여든 야든 단순한 정치적 타격 이상의 후과가 있을 수 있다는 얘기다. 여당 국회의원이 "문재인 죽여" 같은 극언을 서슴지 않는 것도 이와 무관치 않을 것이다.

미국 뉴욕타임스(NYT)가 지난 7일(현지시간) "'검투사 정치(Gladiator Politics)'가 양극화된 한국의 선거 시즌을 지배하고 있다"며 "한국 정치는 오랫동안 원한과 복수가 지배하면서 보복을 위한 '검투사의 경기장'이 돼버렸다"고 보도했다. 둘 중 하나는 죽어야 하는 여야의 싸움, 거기에 열광하는 강경 팬덤을 로마시대 검투사의 경기장에 비유한 것이다.

'검투사의 정치'는 말이 정치이지 기실 정치의 부재증명이나 다름없다. 이번 총선을 끝으로 '검투사의 정치' 대신 대화·타협의 협치와 민생 정치가 오길 바라지만 전망은 밝아 보이지 않는다.

출처 : 2024년 4월 10일, 경향신문(여적)

Ⅰ. 칼럼 소개

　뉴욕타임스(The New York Times)는 미국의 주요 일간 신문 중 하나로, 세계적으로도 영향력이 큰 언론 매체입니다. 1851년에 창간되어 뉴욕을 기반으로 하지만, 국내외 뉴스에 대한 광범위한 보도로 전 세계 독자들에게 서비스를 제공합니다. 뉴욕타임스는 특히 정확하고 심층적인 보도, 객관적이고 상세한 분석으로 잘 알려져 있습니다. 근년에는 우리나라에 관한 기사가 빈번히 등장합니다. 아마도 우리나라의 높아진 국제적 위상(位相)과 종이 신문과는 다른 무한정한 인터넷 지면을 그 원인으로 생각해봅니다.

　우리나라의 총선(2024년 4월 10일)과 관련된 미국의 뉴욕타임스(NYT) 기사가 있었습니다. 기사 제목은 "'Gladiator Politics' Dominate Election Season in Polarized South Korea"입니다(해석 : '검투사 정치'가 극단적으로 분열된 한국의 총선거를 지배한다). 다음날에는 'Stinging Election Loss Leaves South Korean Leader at a Crossroads' 제목의 기사가 나왔습니다(해석 : 한국 대통령은 뼈아픈 선거 패배로 갈림길에 서다). 오늘의 칼럼은 총선을 보도한 뉴욕타임스 기사 이야기입니다.

　　※ gladiator(n) : 검투사(a person engaged in a fight to the death as public entertainment for ancient Romans)
　　polarize(v) : 양극화되다(to break up into opposing factions or groupings)

　The do-or-die rivalry between President Yoon Suk Yeol and the opposition leader Lee Jae-myung, whose party holds the majority in the National Assembly, has made the elections as fraught with fear and resentment as any in South Korean history(해석 : 윤석열 대통령과 다수당을 이끄는 야당 리더 이재명의 죽이고 살기식 경쟁은 한국 역사상 여느 선거와 마찬가지로 두려움과 원한으로 가득 찬 선거를 만들었다) 'do-or-die rivalry'는 검투사와 관련된 죽이고 살기식 경쟁이라는 뜻일 것입니다.

　Mr. Yoon and Mr. Lee first clashed in the 2022 presidential election, a race South Korean news media deemed "a contest between the unlikable." Mr. Yoon beat Mr. Lee by a narrow margin. Their rivalry has only intensified since then.
　(해석 : 윤석열과 이재명은 2022년 대통령 선거에서 처음으로 충돌했으며, 이 선거는 한국의

정치

뉴스 미디어가 "비호감 대결"이라고 평가했다. 윤석열 대통령은 이재명 민주당 총재를 근소한 차이로 이겼다. 그들의 라이벌 관계는 그 이후로 더욱 치열해졌다) 'unlikable'이라는 단어가 재밌습니다. 좋아할 수 없는, 즉 '비호감의' 뜻입니다.

우리말처럼 쓰는 'lame duck'이라는 표현도 등장합니다. But if the opposition scores a decisive win, it will further weaken Mr. Yoon's leadership and may turn him into an early lame duck(해석 : 하지만 야당이 결정적인 승리를 거두면 윤 대통령의 리더십을 더 약화시키고 그를 조기 레임덕으로 만들 수 있다). lame duck은 재선에 떨어지고 남은 임기를 채우고 있는 대통령을 뜻하는데 이 말은 법률상의 권력만 있을 뿐 사실상 권력을 상실한 대통령을 가리킵니다. 이 말은 투자에 실패해 빚만 잔뜩 진 증권투자자의 모습이 마치 절룩거리는 오리를 닮았다 해서 나왔습니다.

검투사 정치는 결국 상대방의 불행이 나의 행복이라는 말일 것입니다. 'Fair Play'와는 거리가 멀어 보입니다. 지지 정당의 차이는 친구를, 가족을 갈라놓기도 하는 우리의 현실입니다. 이 또한 고쳐야 할 우리의 정치문화일 것이며, 이에 대한 책임은 정치지도자들에게 있다고 생각합니다.

II. 단어 및 한자 익힘

- 적의 : 적대하는 마음.
  예시) 두 눈엔 어저께의 일에 깊은 敵意도 원한도 품어 있지 않는 듯하였다.
  敵意 : 敵(대적할 적) 意(뜻 의)

- 여야 : 여당과 야당을 아울러 이르는 말. 여당은 정권을 잡은 정당, 야당은 정권을 잡지 못한 정당을 이름.
  예시) 이 법안은 與野 합의로 본회의에서 통과되었다.
  與野 : 與(더불어 여, 줄 여) 野(들 야)

03

- 언감생심 : 어찌 감히 그런 마음을 품을 수 있겠냐는 뜻으로 전혀 그런 마음이 없었음을 이르는 말.
  예시) 야구는 날씨가 추워지면 부상 위험이 증가하는데 돔구장이 없는 상황에서 국제대회 개최는 焉敢生心이었다.
  焉敢生心 : 焉(어찌 언) 敢(감히 감) 生(날 생) 心(마음 심)

- 극언 : 극단적으로 말함. 또는 그런 말.
  예시) 서로 極言을 퍼부었지만, 감정이 극한으로 치닫지는 않았다.
  極言 : 極(다할 극, 극진할 극) 言(말씀 언)

- 팬덤(fandom) : 가수, 배우, 운동선수 따위의 유명인이나 특정 분야를 지나치게 좋아하는 사람이나 그 무리(the state or attitude of being a fan).

- 검투사 : 전문적으로 칼을 가지고 서로 맞붙어 싸우는 사람.
  예시) 劍鬪士는 로마제국 당시 원형경기장에서 사람과 사람 또는 사람과 맹수가 격투를 벌이는 것을 직업으로 삼고 있는 사람들을 일컫는 말이다.
  劍鬪士 : 劍(칼 검) 鬪(싸울 투) 士(선비 사)

- 기실 : 실제의 사정. '사실은'으로 순화.
  예시) 언뜻 보기에는 쉬워 보이지만 其實은 여간 어렵지 않다.
  其實 : 其(그 기) 實(열매 실)

- 부재증명 : 범죄가 일어난 때에, 피고인 또는 피의자가 범죄 현장 이외의 장소에 있었다는 사실을 주장함으로써 무죄를 입증하는 방법.
  不在證明 : 不(아니 불 혹은 부) 在(있을 재) 證(증거 증) 明(밝을 명)

정치

III. 생각하기

"To be or not to be, that is the question" 햄릿의 명대사가 떠오릅니다. 정치인 모두가 'not to be'가 되기 위해 사활을 건 싸움을 합니다. 공존(共存)을 위한 정치를 하지 않는다는 의미인 것 같습니다.

신문 사설과
칼럼으로 보는
**2024년의
이슈들 ①**

Chapter 04
경제

전세사기 '법정 최고형'

평생 모은 돈에 대출까지 받아 집을 구했다. 근저당권 설정이 마음에 걸렸지만, 중개업소에서는 '주인이 집을 여러 채 갖고 있어서 1억원도 안 되는 보증금을 돌려주는 데는 아무 문제 없다'고 했다. 사기라는 걸 알게 된 것은 경매 접수문이 우편함에 꽂힌 뒤였다. 사기 일당은 토지매입이나 건설 비용은 금융권에서 조달하고, 피해자들에겐 근저당권이 걸린 집을 싸게 임대하는 수법을 썼다. 그러곤 빚을 안 갚아 집을 경매에 넘겨버렸다. 알고보니 인천 미추홀구 '건축왕' 남모씨가 공인중개사 등과 짜고 벌인 조직적인 사기였다.

재판은 지난해 3월 시작됐다. 남씨와 함께 공범 9명이 피해자 191명을 속여 전세보증금 148억원가량을 받아 가로챈 혐의로 재판에 넘겨졌다. 그사이 피해자 4명이 잇따라 자살을 했다. 지난 7일 인천지법 형사1단독 오기두 판사는 남씨에게 사기죄로는 법정 최고형인 징역 15년을 선고했다. 오 판사는 "먹는 것, 입는 것과 함께 생존 기본 요건인 주거환경을 침탈한 중대 범죄로, 청년 4명이 극단적 선택까지 했다"며 "그럼에도 (피고인들은) 국가나 사회가 피해를 해결해야 한다는 태도로 일관하고 있어 재범 우려가 크다"고 중형 이유를 설명했다. 오 판사는 '사기죄의 형량을 높여야 한다'는 취지로 법률 제정 필요성을 주장하기도 했다.

그러나 형사처벌만으로는 피해자의 눈물을 닦아줄 수 없다. 당장 경매가 낙찰되면 보증금 한 푼 못 받고 거리에 나앉을 판이다. 정부와 국회는 전세사기 피해자 지원을 위한 특별법 등 대책을 쏟아냈지만, 피해자들에게 와닿은 건 없다. 최근 주소지별로 경매 물건이 빨갛게 표시된 '법원 경매정보' 지도가 사회관계망서비스(SNS)에서 화제가 되고 있지만, 그것도 피해자들에겐 상처일 뿐이다.

오늘도 피해자들의 한숨이 깊어간다. 정부도, 국회도 보증금 회수 방안을 담은 특별법 개정을 요구하는 이들의 목소리에 답해야 한다. 늘 한두 발 늦는 대책에 이들이 살아갈 힘을 잃는 일이 더 이상 있어서는 안 된다. 지금 피해자들에게 가장 절실한 건 '당신의 잘못이 아니다'라는 위로일지도 모르겠다. 설 연휴가 시작된다. 전세사기 피해자를 만난 가족·친지·친구들도 질책보다는 따뜻이 안아주었으면 좋겠다.

출처 : 2024년 2월 9일, 경향신문(여적)

경제

I. 칼럼 소개

무한한 욕구를 충족시킬 수 있는 수단인 재화는 제한되어 있습니다. 이를 자원의 희소성(稀少性)이라 부릅니다. 그래서 인간은 부족한 수단을 가장 효율적으로 사용하기 위해 선택을 해야 합니다. 선택, 이것이 바로 경제행위의 핵심입니다. 흔히 경제한다(economize)는 '절약한다'의 의미로 쓰이는 말입니다. 재화 중 오늘 이야기하고자 하는 특별한 재화는 부동산입니다. "①토지 및 그 정착물은 부동산이다. ②부동산 이외의 물건은 동산이다." 이는 민법 제99조의 규정입니다.

위에서 부동산(不動産)을 특별한 재화라고 했습니다. 일반 재화는 가격이 오르면 재화의 공급을 늘릴 수 있습니다. 그러나 부동산은 쉽게 늘리질 못합니다. 이를 부증성(不增性)이라고 합니다. 다른 곳에서 재화의 가격이 오르면 옮겨갈 수 있습니다. 그러나 부동산은 고정성을 띱니다. 부동성(不動性)이라고도 합니다. 일반적인 재화에 비해 부동산은 고가입니다. 개인이 차지한 재산의 전부일 수도 있습니다. 그래서 조심해서 다루어야 합니다.

수도권 집중(集中)은 어제오늘의 일이 아닙니다. 사람이 몰리니 당연히 부동산의 가격은 치솟습니다. 심지어 천정부지(天井不知)의 집값 때문에 결혼을 기피한다고도 합니다. 국토는 좁고 인구가 많은 우리나라의 경우 토지 등의 부동산에 대해서는 위에서 언급한 부동산의 특성 때문에 공공성을 강화해야 한다고 생각합니다. 물론 그런 공공성에 관한 편린(片鱗)이 있긴 합니다. 헌법 제23조 제2항의 "재산권의 행사는 공공복리에 적합하도록 하여야 한다"와 헌법 35조 제3항의 "국가는 주택 개발 정책 등을 통하여 모든 국민이 쾌적한 주거 생활을 할 수 있도록 노력하여야 한다."가 그 예라 할 수 있습니다.

부동산을 빌리는 방법에는 전세(傳貰)와 임대차(賃貸借)의 두 가지 방법이 있습니다. 전세는 부동산의 소유자에게 일정한 금액(대체로 부동산 가격의 8~90%)을 맡기고(전세 기간이 끝나면 다시 그 돈은 돌려받음) 그 부동산을 일정 기간 동안 빌려 쓰는 일이라면, 임대차는 돈(사용료)을 내고 남의 물건을 빌려 쓰는 것입니다. 우리나라에만 있는 제도인 전세가 줄어들고 임대차로 바뀌는 요즘의 부동산 시장 경향입니다. 그 이유는 은행의 금리가 저렴하기 때문입니다. 임대차는 대체로 월임료만 지불하기에 사기에 걸릴 까닭은 없습니다. 그렇지만 전세의 경우에는 전

04

세금이 거금(巨金)이기에 사기를 당하면 경제적으로 큰 타격이 된다고 할 것입니다.

   오늘의 주제는 전세사기범에 대한 법정 최고형입니다. 전세 사기의 피해자들은 세상 물정 모르는 사회 초년생들이 많습니다. 이들에게 사기를 친 사기범(詐欺犯)들에게는 일벌백계(一罰百戒)라는 말이 생각납니다. 한 사람을 벌주어 백 사람을 경계한다는 뜻으로, 다른 사람들에게 경각심을 불러일으키기 위하여 본보기로 한 사람에게 엄한 처벌을 하는 일을 이르는 말입니다.

II. 단어 및 한자 익힘

- 근저당권 : 장래에 생길 채권의 담보로서 미리 설정한 저당권.
  예시) 집주인이 은행에 돈을 빌리고 **根抵當權**을 설정했다고 한다.
  根抵當權 : 根(뿌리 근) 抵(막을 저) 當(마땅 당) 權(권세 권)

- 경매
  ① 물건을 사려는 사람이 여럿일 때 값을 가장 높이 부르는 사람에게 파는 일.
  ② 권리자의 신청에 의하여 법원 또는 집행관이 동산이나 부동산을 구두의 방법으로 경쟁하여 파는 일.
  예시) 호황이 예상되면서 **競賣**시장도 활기를 띠기 시작했다.
  競賣 : 競(다툴 경) 賣(팔 매) cf) 買(살 매)

- 일관 : 하나의 방법이나 태도로써 처음부터 끝까지 한결같음.
  예시) 경찰에 붙잡힌 그 살인마는 기자들의 질문에 침묵으로 **一貫**했다.
  일관 : 一(하나 일) 貫(꿸 관)

- 재범 : 죄를 지은 뒤 다시 죄를 범함. 또는 그렇게 한 사람.
  예시) 정부는 재소자의 **再犯**을 막기 위한 교육에 중점을 두었다.
  再犯 : 再(다시 재) 犯(범할 범)

경제

- 낙찰 : 경매나 경쟁 입찰 따위에서 물건이나 일이 어떤 사람이나 업체에 돌아가도록 결정하는 일. 또는 그리하여 어떤 사람이나 업체가 물건이나 일을 받는 일.
  예시) 이번 경매에서는 落札 없이 유찰(流札)되었다.
  落札 : 落(떨어질 낙) 札(편지 찰)

- 질책 : 꾸짖어 나무람.
  예시) 국방부 장관은 대통령실 상공이 뚫렸다는 叱責을 모면하려 했다.
  叱責 : 叱(꾸짖을 질) 責(꾸짖을 책)

Ⅲ. 생각하기

전세 사기 피해자들은 우리 사회의 약자입니다. 그들의 고혈(膏血)을 짜는 사람은 엄벌로 다뤄야 할 것입니다. "고혈을 짜다"는 가혹하게 착취하거나 징수하다는 뜻입니다. 고혈은 '몹시 고생하여 얻은 이익이나 재산'을 비유적으로 이르는 말입니다.

보험사기 1조원

보험사기 금액이 해마다 늘어 작년에 1조1000억원을 넘고, 보험사기로 적발된 인원도 11만명에 육박한다고 금융감독원이 발표했다. 적발하지 못한 금액까지 합하면 한 해 4조~5조원의 보험금이 보험사기로 새는 것으로 추산된다.

▶적은 돈을 불입하고 사고 시 많은 돈을 받을 수 있다는 보험의 특성 때문에 보험 범죄의 역사는 보험의 역사만큼이나 길다. 세계 최초의 보험 살인은 1762년 영국에서 오늘날과 같은 생명보험사가 설립된 그해에 벌어졌다. 이네스라는 사람이 양녀를 거액의 보험에 가입시킨 후 독살하고 보험금을 타내려다 적발돼 사형에 처해졌다. 우리나라 보험 범죄 역사도 100년이나 된다. 1924년 매일신보에 "보험 가입 후 허위 사망 신고를 했다가 적발됐다"는 기사가 실렸다.

▶남편 사망 보험금 8억원을 노린 이은해의 계곡 살인 사건을 비롯해 끔찍한 보험 살인이 1년에 5, 6건씩 일어난다. 하지만 실제 강력 보험 사기 범죄는 적고 전체 보험사기의 절반이 '보험빵' 같은 자동차 관련이다. 보험금을 타려고 고의로 교통사고를 내는 것을 '보험빵'이라고 한다. '뒤쿵(차를 뒤에서 쿵 들이받는) 알바단'이라는 보험사기단도 있다. 인터넷 카페나 텔레그램으로 "하루 일당 100만원" "고액 알바"라고 광고해 참가자를 모집한다. 무리하게 차선을 바꾸거나 차선을 위반하는 차량 등을 노려 고의로 교통사고를 내고는 보험금을 나눠 갖고 흩어진다. 교통사고 '나이롱' 환자는 이제 흔하다.

▶강원도 태백에서 병원장과 보험설계사, 가짜 환자 400여 명이 150억원대 보험사기를 벌이다 들통났다. 보험모집인과 병원 브로커가 군인 800여명에게 접근해 보험을 여러 개 가입시킨 후 병원에서 허위 진단서를 끊어 건당 1000만원 이상의 보험금을 타가게 한 조직적 보험사기도 있었다. 공짜 성형수술을 해주겠다고 실손보험 가입 환자를 모집한 후 서류를 조작해 보험금을 편취하는 경우도 적지 않다. 실손보험, 자동차보험, 암보험에서 보험사기는 날로 진화한다.

경제

> ▶10만명 넘는 보험사기를 직업별로 분류했더니 회사원(21.3%)이 가장 많고 무직·일용직(13.2%), 전업주부(9.3%), 학생(5.0%) 순이었다. 20대는 자동차 관련 사기가 많고, 60대 이상은 병원 관련 사기가 <u>빈번</u>했다. 조직적 보험사기가 널려 있어 누구든 피해를 입을 수 있다. 반대로 보험의 특성상 보통 사람도 자신도 모르는 새 보험사기를 저지를 수 있다. 사고를 부풀려 보험금을 더 타내려는 작은 유혹을 뿌리치지 못하다 적발되면 누구든 보험사기꾼이 되는 것이다.
>
> 출처 : 2024년 3월 12일, 조선일보(만물상)

Ⅰ. 칼럼 소개

불가(佛家)에서는 인생을 고(苦, bitter 고)라고 합니다. 어려움이 가득하다는 뜻입니다. 그 어려움이 경제학에서는 위험(危險)입니다. 경제학의 세계에서 합리적인 개인은 고통을 피하고 행복을 극대화하기 위해 끊임없이 계산하고 선택합니다. 위험을 모두 예측하고 피할 수 없다면, 개인이 할 수 있는 것은 위험이 현실화되었을 때 그로 인해 발생하는 재정적 부담을 감당할 준비를 하는 것입니다. 즉, 오늘 벌어들인 것을 다 소비하지 않고 내일을 위해 일부를 저축하는 것입니다. 시장은 위험에 대비하려는 인간의 욕구를 포착(捕捉)해서 알맞은 상품을 제공합니다. 각종 보험상품이 바로 그것입니다. 아래는 위험에 관한 원론적인 이야기를 미국의 경제학 책(Mankiw)에서 옮겨왔습니다(p 601)

> Life is full of gambles. When you go skiing, you risk breaking your leg in a fall. When you drive to work, you risk a car accident. When you put some of your savings in the stock market, you risk a fall in stock prices. The rational response to this risk is not necessarily to avoid it at any cost but to take it into account in your decision making.

04

Most people are risk averse. (중략) One way to deal with risk to buy insurance. The general feature of insurance contracts is that a person facing a risk pays a fee to an insurance company, which in return agrees to accept all or part of the risk. There are many types of insurance. Car insurance covers the risk of your being in an auto accident, fire insurance covers the risk that your house will burn down, health insurance covers the risk that you might need expensive medical treatment, and life insurance covers the risk that you will die and leave your family without your income. There is also insurance against the risk of living too long. For a fee paid today, an insurance company will pay you an annuity □ a regular income every year until you die.

눈에 띄는 내용은 둘째 단락의 시작 부분입니다. '대부분 위험을 회피하고 그 방법으로 보험을 구입한다'는 내용입니다. 보험과 관련하여 항상 제기되는 문제는 역선택(逆選擇, adverse selection)과 도덕적 해이(解弛, moral hazard)입니다.

보험회사가 보험에 가입하려는 사람들의 위험 확률을 사전에 알 수 없습니다. 보험가입자는 자신의 위험을 가능하면 낮게 말해서 보다 낮은 보험료로 보험을 사려 하기 때문에 보험가입자들의 위험 특성은 은폐된 채로 있기 마련입니다. 보험회사는 보다 건전한 보험가입자들에게 보험을 판매하려 하지만, 이것이 오히려 낮은 위험을 지닌 보험가입자들을 배제하고 보다 높은 위험을 지닌 사람들만 보험을 들게 하는 결과를 가져옵니다. 이와 같은 현상을 역선택이라고 합니다.

자신의 집을 화재보험에 가입한 보험가입자는 화재 발생에 신경을 덜 쓸 수 있습니다(After people buy insurance, they have less incentive to be careful about their risky behavior because the insurance company will cover much of the resulting losses). 다른 모든 보험에서 발생할 수 있는 이런 현상을 도덕적 해이라고 합니다.

보험 사기(保險 詐欺)가 오늘의 주제입니다. 그 사기는 결국 역선택과 도덕적 해이가 혼재되어 일어나는 것 같습니다. 인간은 누구나 돈 앞에서는 약하기 마련입니다. 그래서 누구를 쉽게

경제

비난해서는 안 될 것입니다. 다만 우리가 그 비난의 대상이 되지 않기 위해서는 우리의 도덕적 근육이 튼튼해야 되지 않을까요?

II. 단어 및 한자 익힘

- 육박한다 : 바싹 가까이 다가붙다.
  예시) 10만에 **肉薄한** 시민이 촛불집회에 참석했다.
  肉薄 : 肉(고기 육) 薄(엷을 박)

- 추산 : 짐작으로 미루어 셈함. 또는 그런 셈.
  예시) 이번 물난리의 피해액이 백억이 넘을 것이라는 **推算**이 나왔다.
  推算值 : 推(밀 추) 算(셈 산) 値(값 치)

- 나이롱(nylon) 환자 : 환자가 아니면서 환자인 척하는 사람을 익살스럽게 이르는 말.
  예시) 산업 재해와 관련 없거나 다친 정도를 과장한 이른바 '**나이롱**환자'들이 적발됐다.

- 편취 : 남을 속이어 재물이나 이익 따위를 빼앗음.
  예시) 옆집 아저씨는 남의 재물을 **騙取**한 혐의로 경찰 조사를 받았다.
  騙取 : 騙(속일 편) 取(가질 취)

- 빈번하다 : 번거로울 정도로 도수(度數)가 잦다.
  예시) 경찰은 **頻煩하게** 발생한 사건의 원인을 찾아 나섰다.
  頻繁 : 頻(자주 빈) 繁(번창할 번)

Ⅲ. 생각하기

  열 사람이 지켜도 한 도둑놈을 못 막는다는 우리 속담(俗談)이 있습니다. 즉 "여러 사람이 함께 살펴도 한 사람의 나쁜 짓을 못 막는다는 말"입니다. 보험 사기를 고발하는 사람들에 대한 인센티브(incentive)를 강화하면 어떨까 싶습니다.

Chapter 05

교육

손웅정씨의 '교육 철학'

　조선 초기 영의정을 지낸 황희에겐 기방을 자주 드나드는 아들이 있었다. 말로 타일러서는 듣지 않자 충격 요법을 썼다. 기방에서 돌아오는 아들을 대문에서 큰절로 맞으며 "네가 내 말을 듣지 않는 걸 보니 나를 아비로 여기지 않는 것이다. 앞으로 너를 손님의 예로 대하겠다"고 선언했다. 그제야 아들이 무릎을 꿇고 "기방에 가지 않겠다"고 약속했다. 명재상 황희조차 자식 교육만큼은 뜻대로 되지 않았음을 보여주는 일화다.

　▶양자역학 연구로 노벨상을 받은 물리학자 리처드 파인먼의 아버지는 유니폼 판매원이었다. 변변한 지식은 없었지만 좋은 아버지가 되고 싶었다. 그래서 착안한 것이 '산책 학습'이었다. 아들에게 가르치고 싶은 것이 생기면 책상에 바로 앉히지 않고 산책하러 나갔다. 한번은 마주치는 새 이름을 영어뿐 아니라 일어·이탈리아어 등으로 아들에게 알려주고 아들이 그걸 외우려 하자 "새 이름을 여럿 아는 것보다 저 새가 무엇을 하는지 알아야 한다"고 했다. 그렇게 호기심을 일깨운 뒤 귀가해 아들을 무릎에 앉히고 책을 읽었다. 파인먼은 훗날 "내가 배워야 할 모든 것을 아버지에게서 배웠다"고 했다.

　▶율곡 이이는 청소년 지도서인 '격몽요결' 서문에서 '부모의 역할'을 먼저 강조했다. 학생의 학습 태도는 그 뒤에 나온다. 미국 존스홉킨스대학도 몇 해 전 '자녀의 학업 성취를 좌우하는 결정적 요소'란 연구에서 부모의 솔선수범을 교사의 자질보다 중요한 요소로 꼽았다. 부모는 자녀가 보는 앞에서 책을 읽어야 하고 읽은 것을 화제 삼아 자녀와 대화하라고 했다.

　▶손흥민의 아버지 손웅정씨가 그제 언론 인터뷰에서 나름의 자식 교육법을 얘기했다. 그가 강조한 것도 부모의 솔선수범이었다. 손흥민은 슛을 하루 1000개 찰 때 "아버지도 옆에서 똑같이 훈련하시니 멈출 수가 없었다"고 했다. 손웅정씨는 어린 선수들에게 팔굽혀펴기를 시킬 때도 함께 한다. 그는 몇 해 전 쓴 책 '모든 것은 기본에서 시작한다'에서 "나는 부족한 아비일지언정 아이들에게 노력하고 책 읽고 솔선수범하는 모습을 보여왔다"고 했다.

교육

> ▶손웅정씨는 인터뷰에서 "부모는 TV 보고 휴대폰 보면서 자식에게는 공부하라고 하면 되겠느냐"고 했다. "카페에서 아이들에게 휴대폰 보게 하는 것은 결국 부모가 편하려는 것 아니냐"고 했다. <u>교권</u> 추락, 청소년 사건 사고도 모두 부모 탓이라고 했다. 유치원 의대 열풍에 대해서도 "미친…"이라며 아이 재능을 무시한 부모들이 아이를 망치고 있다고 했다. 나는 어떤 부모였는지 돌아보게 하는 말이다.
>
> 출처 : 2024년 1월 9일, 조선일보(만물상)

Ⅰ. 칼럼 소개

흔히 우리 사회에는 수많은 정치평론가가 있다고 합니다. 정치가 국민의 애환을 담아내지 못하고 사리사욕에만 빠져 이전투구(泥田鬪狗) 하는 모습을 본 국민이 저마다 한마디씩 훈수를 두는 상황을 두고 하는 말입니다. 이를 교육에도 연장하고픈 것이 국민의 솔직한 심정이 아닐까 싶습니다.

모든 부모는 자식 교육을 고민합니다. 어떻게 하면 동량지재(棟梁之材)로 키울 것인가를 번민합니다. 기둥과 들보로 쓸 만한 재목이라는 뜻으로, 집안이나 나라를 떠받치는 중대한 일을 맡을 만한 인재를 이르는 말입니다. 이 자체가 나쁘진 않습니다. 다만 그 과정에서 자녀의 역량을 무시하고 부모 욕심만 앞선다거나, 출세지향의 교육관으로 양육하면 오히려 잘못된 길로 오도될 수도 있습니다. 동량지재를 위해 고군분투하신 분이 맹자의 어머니가 아닐까 싶습니다. 맹자의 '맹모삼천지교(孟母三遷之敎)'를 두고 하는 말입니다.

처음에 맹자네 집은 공동묘지 근처에 있었는데, 맹자는 날마다 장사지내는 모습을 흉내 내며 놀았습니다. 이에 안 되겠다 판단한 맹자 어머니는 다른 곳으로 이사했습니다. 그런데 그 동네 또한 시장 근처여서 맹자는 날마다 장사 놀이를 하는 것이었습니다. 그러자 어머니는 다시 서당 부근으로 이사했습니다. 그곳에서 맹자가 날마다 공부 놀이를 하자 마침내 이사 다니는 것을 관

05

두게 됩니다. 환경의 중요성을 가르치는 이 고사에서 앞의 맹모를 줄여 삼천지교(三遷之敎)라고도 합니다. 천(遷)은 '옮긴다', 교(敎)는 '가르치다'의 뜻입니다.

오늘의 주제는 부모님의 솔선수범(率先垂範)입니다. 대한민국 축구 대표팀의 주장이며, 영국 프로축구에서 맹활약 중인 손흥민의 아버지 이야기입니다. 아버님 손웅정씨의 교육관은 정평(定評)이 나 있었습니다. 손흥민은 아버지의 이야기를 따랐습니다. 그렇다고 아버지가 말만 앞서지 않았습니다. 자신이 솔선수범을 보였습니다. 솔선수범을 보이면 부전자전(父傳子傳)이 된다는 뜻일 것입니다. 부전자전은 아들의 성격이나 생활 습관 따위가 아버지로부터 대물림된 것처럼 같거나 비슷함을 뜻합니다. 영어로는 'like father like son'이라고 합니다.

자식을 잘 키운다는 것이 쉽지 않습니다. TV를 없앤 집도, 외국으로 조기 유학을 보내기도, 자연과 친해지기 위해 시골로 이사 간 집도, 무조건 독서를 강조하기도, 일찍 자고 일찍 일어나는 생활 등등 모든 국민이 정치평론가이듯 국민 각자는 나름의 교육관을 가집니다. 그중에 성공한 교육관에는 반드시 솔선수범이 자리했으리라 생각됩니다.

II. 단어 및 한자 익힘

- 기방 : 기생이 거처하며 술과 유흥을 제공하는 집.
  예시) 할아버지는 퇴근 후 妓房을 들르시기에 할머니와 갈등이 많으셨다고 한다.
  妓房 : 妓(기생 기) **房**(방 방)

- 변변하다
  ① 됨됨이나 생김새 따위가 흠이 없고 어지간하다.
  예시) **변변하게** 생기지도 않은 사람들이 꼭 인물을 따진다고 한다.
  ② 제대로 갖추어져 충분하다.
  예시) 부모님에게는 열심히 사시느라 **변변한** 나들이옷 한 벌 없었다.

교육

- 솔선수범 : 남보다 앞장서서 행동해서 몸소 다른 사람의 본보기가 됨.
  예시) 매년 학교에서는 생활 태도면에서 **率先垂範**하는 학생에게 상을 주었다.
  率先垂範 : 率(거느릴 솔) 先(앞 선) 垂(드리울 수) 範(법 범)

- 교권 : 교사로서 지니는 권위나 권력.
  예시) 최근 **敎權** 침해가 사회문제가 되고 있다.
  敎權 : 敎(가르칠 교) 權(권세 권)

III. 생각하기

'like father like son'이 긍정적인 의미로 쓰이지는 않았습니다. 'a boy behaves like his father, especially when this behaviour is bad' 그러나 최근에는 아버지 따라 잘할 때도 쓰이는 것 같습니다. 부전자전의 전형이 손흥민 선수가 아닐까 싶습니다.

'대입 우회로' 된 검정고시, 10대 응시생 역대 최대

1950년부터 시행된 고졸 검정고시는 가난해서, 아파서 정규 교육에서 소외된 이들이 제2의 인생에 도전할 기회였다. 주경야독(晝耕夜讀)으로 합격한 신문 배달 소년, 뒤늦게 만학의 꿈을 이룬 어머니, 학교에 다닐 수 없었던 장애인…. 역경을 극복한 검정고시 합격자들의 사연은 절절하고도 치열했다. 가난이나 여식(女息) 차별로 못 배운 한을 풀기 위해 응시했던 과거와 달리 요즘 검정고시는 되레 서울 강남·서초 지역 고교 학생의 응시가 늘고 있다고 한다. '고교 자퇴→검정고시→수능' 코스가 대학 진학의 우회로로 통하고 있어서다.

▷4월 고졸 검정고시에 응시한 10대 학생(13~19세)이 1만6332명으로 역대 최대 규모를 기록했다. 2022년 4월 1만2051명에 비하면 2년 새 35%가량 늘었다. 자퇴하고 수능에 올인한 고등학생들이 늘어난 때문으로 분석된다. 고졸 검정고시는 국어 수학 영어 사회 과학 한국사 6과목과 선택 과목 1과목을 포함해 7과목이 출제된다. 학교 내신보다 공부할 과목이 줄고, 한 해 두 차례 응시가 가능하기 때문에 현역 고등학생이라면 어렵지 않게 합격한다.

▷특히 내신 경쟁이 치열한 서울 강남·서초 고교생들이 내신 성적이 부족하다 싶으면 검정고시를 보고 수능에 올인하는 전략을 선택하고 있다. 2022년 전국 고교생의 학업 중단율은 1.9%인 데 반해 서울 강남·서초 지역 고교 중에는 5%에 이르는 곳도 있었다. 상대평가 과목이 몰려 있는 고교 1학년 성적을 2, 3학년에 뒤집기 어렵다 보니 대입 경쟁에서 밀려났다고 판단하면 고1에 일찌감치 자퇴하는 것이다. 이듬해 검정고시와 수능을 보고 성적이 잘 나오면 대학 진학을 앞당기고, 그렇지 않으면 1년 더 공부해 수능을 한 번 더 친다. 학교에서만 배울 수 있는 인성 교육이나 교우 관계를 포기하고서라도 오로지 대입을 위해서만 내달리는 것이다.

▷국내에서 학력을 인정받지 못하는 홈스쿨링, 대안학교, 국제학교가 늘어난 이유도 있다. 이 학교들을 졸업한 학생들이 국내 대학에 진학하려면 검정고시를 치르고 고졸 학

교육

력을 인정받아야 한다. 반복 응시도 늘고 있다 한다. 대학마다 다르지만 검정고시 성적이 95점 이상이면 보통 내신 2, 3등급을 받을 수 있다. 중위권 학생들은 반복 응시로 성적을 올린 뒤 내신 위주 수시 전형에 도전한다.

▷그 덕분에 검정고시 전문학원이나 검정고시 코스를 개설한 재수종합학원이 붐비고 있다. 부모가 매달 300만 원에 달하는 재수종합학원 비용을 댈 수 있다면, 아이는 고학의 상징이던 검정고시를 대입에 활용해서라도 학교 밖에서 길을 찾을 수 있다. 공교육이 포섭하지 못한 아이들이 사교육으로 몰려가는 동안, 여전히 학교가 전부인 아이들이 있다. 공교육이 따뜻하게 품고 제대로 가르쳐야 할 대상은 이런 아이들일 것이다.

출처 : 2024년 3월 26일, 동아일보(횡설수설)

Ⅰ. 칼럼 소개

통과의례(通過儀禮)란 출생, 성년, 결혼, 사망 따위와 같이 사람의 일생 동안 새로운 상태로 넘어갈 때 겪어야 할 의식을 통틀어 이르는 말입니다. 누군가에게는 초등학교, 중학교, 고등학교 그리고 대학으로의 진학이 당연시되지만, 또 다른 누군가에게는 그러질 못했습니다. 통과의례가 되지 못했다는 말입니다. 요즘은 그런 경우가 드물지만, 우리나라가 가난에서 벗어나고자 발버둥 칠 1960~70년대의 이야기입니다.

만학도(晚學徒)라는 말이 있습니다. 나이가 들어 뒤늦게 공부하는 학생을 말합니다. 형설지공(螢雪之功)이라는 말도 있습니다. 전기가 없던 시절, 여름에는 반딧불로 겨울에는 눈(雪)이 발하는 빛으로 고생하면서 공부하는 자세를 이르는 말입니다. 칼럼에서도 언급된 주경야독(晝耕夜讀)도 있습니다. 낮에는 농사짓고, 밤에는 글을 읽는다는 뜻으로, 어려운 여건 속에서도 꿋꿋이 공부함을 이르는 말입니다. 오늘의 주제인 검정고시(檢定考試)는 이런 만학도, 형설지공, 주경야독과 어울리는 말이었습니다. 통과의례에서 빗겨 선 사람들에게 검정고시는 해당하는

05

말이었습니다.

지금은 검정고시가 대학을 가는 우회로(迂廻路)로 떠올랐습니다. 내신이 불만인 학생들이 좋은 내신을 받기 위한 대안(代案)으로 부상했습니다. 때로는 대학을 가는 지름길(shortcut)로 변신(變身)하기도 합니다. 그렇다면 학교 교육이 형해화(形骸化)되었다고 해도 부정하기 힘들 것입니다. 형해화란 내용은 없이 뼈대만 있게 된다는 뜻으로, 형식만 있고 가치나 의미가 없게 됨을 이르는 말입니다.

학교의 출현은 일정 수준으로 교육받은 노동자가 대규모로 필요하게 된 산업혁명의 영향이 큽니다. 이때 도입된 학교는 공장의 형태를 가지고 공장 방식으로 운영되었습니다. 여러 명의 교사가 저마다 한 부분씩 맡아 교육을 분업하고, 교육 과정은 컨베이어벨트(conveyor belt)처럼 돌아갔습니다. 물론 이런 교육에는 비범한 피교육생(被敎育生)은 대량생산의 교육 속에서 일종의 불량품 취급을 받았습니다. 당연히 주입식 교육이 주류를 이루었습니다. 1970~80년대 대한민국의 학교도 70~80명의 학생이 한 학급을 이루었습니다.

시대 상황이 바뀌었다면 학교의 교육 내용 내지는 교육방법도 이를 따라야 할 것입니다. 어느 교육자는 우리나라의 경쟁 교육을 야만(野蠻)이라고 말합니다. 패자와 승자로 구분 짓는 입시제도를 두고 하는 말입니다. 열등감과 모멸감을 내면화하는 우리의 교육을 질타하지만, 우리 사회의 지도층 인사 누구도 해법을 제시하지는 않는 것 같습니다. 물론 교육문제는 우리 사회의 문제, 즉 '학벌계급사회'와도 긴밀히 연결되어 있습니다. 문제가 그렇게 간단하지만은 않겠지만요.

II. 단어 및 한자 익힘

- **주경야독** : 낮에는 농사짓고, 밤에는 글을 읽는다는 뜻으로, 어려운 여건 속에서도 꿋꿋이 공부함을 이르는 말.
  예시) 그는 낮에는 직장에서, 밤에는 대학원에서 **晝耕夜讀**하는 학구파이다.

교육

晝耕夜讀 : 晝(낮 주) 耕(밭 갈 경) 夜(밤 야) 讀(읽을 독)

● 여식 : 여자로 태어난 자식.
  예시) 지체 높은 양반집의 女息이자 외모가 출중해 장안의 화제가 되었다.
  女息 : 女(계집 여) 息(숨을 쉴 식)

● 우회로 : 곧바로 가지 않고 멀리 돌아서 가는 길.
  * 우회적 : 곧바로 가지 않고 멀리 돌아서 가는.
  예시) 상대방에 대한 迂廻的 비난도 계속되고 있다.
  迂廻的 : 迂(에돌다 우) 廻(돌 회) 的(과녁 적) 路(길 로)

● 전형(1) : 됨됨이나 재능 따위를 가려 뽑음. 또는 그런 일.
  * 특별전형 : 특별한 방법의 전형.
  예시) 모든 대학은 銓衡을 거쳐 신입생을 선발하다.
  銓衡 : 銓(사람가릴 전) 衡(저울대 형)
  * 전형(2) : 같은 부류의 특징을 가장 잘 나타내고 있는 본보기.
  예시) 그는 고뇌하는 인간의 典型이다.
  典型 : 典(법 전) 型(모형 형)

● 고학 : 학비를 스스로 벌어서 고생하며 배움.
  예시) 그는 苦學으로 유학한 후 모교의 대학교수가 되었다.
  苦學 : 苦(괴로울 고, 쓸 고) 學(배울 학)

● 포섭 : 상대편을 자기편으로 감싸 끌어들임.
  예시) 신라는 백제와 고구려 유민을 包攝하여 당나라 군대를 물리쳤다.
  包攝 : 包(감싸다 포) 攝(다스릴 섭, 잡을 섭)

Ⅲ. 생각하기

　토너먼트 경기에서, 진 사람이나 단체에게 다시 그 경기에 참가할 기회를 주기 위하여 하는 시합을 패자부활전(敗者復活戰)이라고 합니다. 검정고시는 패자부활전의 성격이 강했습니다. 지금은 새치기로 바뀌었습니다. 새치기는 순서를 어기고 남의 자리에 슬며시 끼어드는 행위를 말합니다. 새치기는 단속되어야 할 것입니다.

지방 유학 시대

표준국어대사전은 외국에서 공부하는 것은 '유학(留學)'으로, 타향에서 공부하면 '유학(遊學)'으로 표기한다. 한자어 표기가 다른 건 해외 유학에 비해 상대적으로 국내 유학은 편하게 이동해 공부한다는 의미가 있는 게 아닌가 싶다.

우리나라는 예로부터 국외 유학이 많았다. 선진 문물을 배워 입신양명하려는 개인적 동기에다 가진 것이라고는 인적자원 외에 빈약하다 보니 인재 양성은 국가의 목표이기도 했다. 신라의 대학자 최치원은 요즘 말로 하면 조기 유학파였다. 아버지의 뜻에 따라 12세 때 당나라로 가 17년간 유학했다. 지금도 이런 해외 유학 수요는 여전하며 국가 위상 제고로 외국인의 국내 유학도 늘고 있다.

최근 이런 유학 흐름에 새로운 변화가 생길 조짐이다. 종로학원에서 학부모들을 상대로 한 비수도권 의대 정원 및 지역인재전형 확대로 수도권 학생이 지방으로 이동하는 일이 많아질 것으로 예상하느냐는 질문에 응답자의 75%가 그렇다고 응답했다. 선호하는 지역으로는 충청권이 57.8%로 가장 많았다. 정부는 2025학년도부터 의대 증원 인원 2000명 중 82%인 1639명을 비수도권 대학에 배분하기로 했다. 특히 지방 의대가 있는 권역의 고등학교를 3년간 다녀야 지원할 수 있는 지역인재전형 모집 비율을 60%로 높이도록 권고한 상태다. 현재 중3이 대학에 들어가는 2028학년도부터는 중학교도 지역에서 졸업해야 지역인재전형에 지원할 수 있다.

지역인재전형을 문의하는 사람들이 많다고 한다. 부모가 주소지를 옮겨야 해 얼마나 많은 지방 유학생이 나올지는 지켜볼 일이다. 다산 정약용은 "사람이 살 곳은 서울의 십리 안팎뿐"이라며 자녀들에게 서울 거주를 권했다. '말은 제주도로, 사람은 서울로 보내라'는 말에서 드러나듯 한국 사회에서 지방은 성공과는 거리가 먼 개념인 게 현실이다.

하지만 지방 의대 유학은 열성적인 학부모들에게 구체적 선택지로 떠오른 상태다. 다산의 서울 선호가 '강남 8학군'과 '대치동 학원'을 넘어 '지방 유학 시대'로 이어지는 모습

05

> 이다. 지방 유학생들이 지역에 정착해 지방 소멸도 막고 지역의료도 강화하는 결과로 이어지길 기대한다.
>
> 출처 : 2024년 4월 2일, 서울신문(씨줄날줄)

Ⅰ. 칼럼 소개

보통 유학(留學)하면 "외국에 머물면서 공부함"을 의미합니다. 일제 강점기 시대 유학의 대상국은 일본이었습니다. 가까이 있는 일본이지만 우리보다 서구화를 먼저 받아들인 나라였기에 선진 문물이 일찍 꽃 피었기 때문입니다. 그러나 해방 후 우리나라 국민은 대부분 미국으로 유학을 떠났습니다. 세계 최강국답게 모든 면에서 우리가 배워야 할 것이 많았을 것입니다.

위의 유학(留學)보다 많이 쓰이지는 않았지만 이런 유학(遊學)도 있습니다. 후자의 유학은 "타향에서 공부함"을 의미합니다. 자기가 사는 고장에 상급 학교가 없는 경우에, 혹은 보다 좋은 학교가 있는 대도시, 주로 서울로 유학한 경우가 많았습니다. 지방에서 고등학교를 졸업한 학생이 서울의 대학에 재학한다면 전부 후자의 유학일 것입니다.

프랑스 사회학자 부르디외(Boureiu)는 '지식인'을 '지배받는 지배자'로 칭했습니다. 그에 따르면 현대 사회의 지배층(支配層)은 자본가 계층과 지식인 계층으로 양분되어 있는데 이 중에서도 경제적 영역을 지배하는 자본가 계층이 문화적 영역을 지배하는 지식인 계층보다 우위에 있다고 지적하면서, 자본주의 사회에서는 돈이 지식보다 우선하며, 따라서 지식인은 지배층에 속하지만 이런 이유로 지배층이면서도 지배를 받는 모순적인 집단이라고 했습니다. 우리가 행하는 유학(留學)도 지배받는 지배자가 되기 위한 것일 것입니다.

우리나라의 서울 쏠림 현상은 어제오늘의 이야기는 아닙니다. 그 서울이 확대되어 경기권을 포함하기도 합니다. 헌법은 "국가는 지역간의 균형있는 발전을 위하여 지역경제를 육성할 의무

교육

를 진다"라고 하였습니다. 지역균형발전을 위해 공공기관을 강제로 지방의 거점 도시로 이전하는 정책을 펼치기도 합니다. 그러나 우리의 DNA에는 '사람은 태어나면 서울로, 말은 태어나면 제주도로'가 너무나 강한 것 같습니다. 따라서 지역의 균형발전은 구두선(口頭禪)에 그치는 경우도 많습니다.

급기야는 서울 쏠림현상이 지방의 의료진 부족과 맞물려 지방민들에게 불편을 야기하게 되었습니다. 이를 해소하기 위해 지방대 의대를 확대 육성한다는 것이 오늘의 칼럼입니다. 그렇다 보니 잘 쓰이지 않는 지방 유학(遊學)이 오늘의 주제어가 되었습니다. 교육은 백년대계(百年大計)라고 했습니다. 장기간의 계획이라는 뜻일 것입니다. 백년대계없이 당장의 필요에 허겁지겁하는 우리의 행정당국을 보면서 답답함을 금치 못합니다.

II. 단어 및 한자 익힘

- 유학 : 외국에 머물면서 공부함.
  예시) 공부를 잘하는 형은 외국으로 留學을 떠났다.
  留學 : 留(머무를 유) 學(배울 학)

- 유학 : 타향에서 공부함.
  예시) 부모님은 경제적으로 무리를 해서라도 아들을 서울로 遊學을 보냈다.
  遊學 : 遊(놀 유) 學(배울 학)

- 입신양명 : 출세하여 이름을 세상에 떨침.
  예시) 옛날에는 立身揚名을 효도로 보기도 했다.
  立身揚名 : 立(설 립) 身(몸 신) 揚(떨칠 양) 名(이름 명)

- 위상 : 어떤 사물이 다른 사물과의 관계 속에서 가지는 위치나 상태.
  예시) 이번 세계문화유산 등재는 백제 역사의 位相이 높아지게 됐다는 평이다.
  位相 : 位(자리 위) 相(서로 상)

- 제고 : 쳐들어 높임.
    예시) 이번 외국 공연은 국가의 이미지 提高에 보탬이 된다는 평이다.
    提高 : 提(끌다, 이끌다 제) 高(높을 고)

- 전형(1) : 됨됨이나 재능 따위를 가려 뽑음. 또는 그런 일.
    예시) 모든 대학은 銓衡을 거쳐 신입생을 선발하다.
    銓衡 : 銓(사람가릴 전) 衡(저울대 형)
  * 특별전형 : 특별한 방법의 전형.
  * 전형(2) : 같은 부류의 특징을 가장 잘 나타내고 있는 본보기.
    예시) 그는 고뇌하는 인간의 典型이다.
    典型 : 典(법 전) 型(모형 형)

Ⅲ. 생각하기

"국가는 지역간의 균형있는 발전을 위하여 지역경제를 육성할 의무를 진다"는 헌법 제123조 제2항의 규정입니다. 모든 것이 서울로 향하는 서울 중심의 문화에서 지방 유학 시대를 지방의 발전을 도모하는데 역이용하면 어떨까요?

Chapter 06

북한

후계자 김주애?

　국정원은 2017년 국회 정보위에서 김정은에게 2010년생 아들, 2013년생 딸, 성별 **미상**의 2017년생 셋째가 있다고 보고했다. 다양한 첩보를 수집·분석해 내린 결론이었다. 결정적인 건 노동당 서기실의 물품 조달 내역이었다. 출산 시점을 전후해 유럽제 고급 출산·육아용품을 집중 수입한 정황이 포착됐다. 2010년엔 남아용, 2013년엔 여아용이었다. 해외 정보기관들과 교차 확인도 거쳤다.

　▶김정은이 공개 석상에서 처음 '후사'를 언급한 건 2022년 10월이다. 노동당 간부 학교에서 "몇 백 년의 **후사**도 마음 놓고 맡길 수 있는 유능한 일군을 키워내라"고 했다. 4대 세습 작업에 시동을 걸겠단 예고였다. 한 달 뒤 ICBM 발사장을 시작으로 숱한 군 관련 행사에 딸 주애를 **대동**했다. 그런데도 국정원은 최근까지 "김주애를 후계자로 판단하는 건 성급하다"는 입장이었다. 북한에서 '여자 수령'이 나오기는 어렵다는 판단 때문이었을 것이다.

　▶북한은 조선 시대의 **남존여비** 사상이 그대로 남아 있는 사회다. 직장에서 남녀 차별은 일상적이고 가정에서도 여성이 장마당에서 돈 벌고 가사 노동과 양육을 전담한다. 남자들은 하는 일 없이 권위만 세운다. '어디 여자가'란 말이 입에 뱄고, 여자들은 툭하면 '이 간나, 저 간나' 같은 멸칭으로 불린다. 성추행, 성희롱, 성폭력을 당하지 않은 여성이 드물다. **장마당** 활동으로 경제권을 쥔 여성들이 많아지면서 최근엔 조금 나아졌다고 한다

　▶신임 국정원장 후보자가 인사청문회 서면 답변에서 "현재로선 김주애가 유력한 후계자로 보인다"고 했다. 정보 당국이 존재를 확신했던 장남의 행방은 **묘연하다**. 스위스 유학 때부터 사귄 현송월의 소생이란 설, 지능이 낮아 후계 구도에서 밀렸다는 설이 있다. 김정은의 후계자 **데뷔** 무대는 2010년 제3차 당대표자회였다. 자신이 26세, 김정일이 68세 때였다. 김주애는 9세에 대중 앞에 나섰다. 당시 김정은은 38세였다. 뇌졸중 후유증으로 후계 체제 구축이 급했던 부친보다도 서둘러야 하는 말 못할 사정이 생긴 것이다.

북한

> ▶김주애가 후계자라면 5대 세습 때 성(姓)이 달라지는 문제를 해결해야 한다. 일각에선 영국 사례를 거론한다. 영국 왕 찰스 3세는 부친의 성이 아니라 모친 엘리자베스 2세의 성을 물려받았다. 김정은과 측근들이 이를 눈여겨보았을 것이다. 찰스 3세 즉위 다음 달에 '후사' 발언이 나온 게 우연이 아닐 수도 있다. 북한 주민을 노예와 가축처럼 만든 김씨들이 열 살짜리 아이를 내세워 4대까지 계획하고 있다니 기가 막힌다.
>
> 출처 : 2024년 1월 5일, 조선일보(만물상)

Ⅰ. 칼럼 소개

손자병법(孫子兵法)이라는 책이 있습니다. 손자(본명은 손무)는 이름이며, 병법은 군사를 지휘하여 전쟁하는 방법이라는 뜻입니다. 이 책이 쓰인 시대는 춘추전국시대였습니다. 전쟁이 자주 일어나고 사회가 혼란한 시대였습니다. "전쟁은 국가의 중대사(兵者, 國之大事)"라면서 이 책은 시작합니다. 이 책의 제3편에서는 아래의 구절이 나옵니다.

적을 알고 나를 알면서 백 번 싸워도 위태롭지 않다. 적을 알지 못하고 나를 알면 한 번 이기고 한 번 진다. 적도 모르고 나도 모르면 싸울 때마다 반드시 위태롭다. 지피지기(知彼知己), 백전불태(百戰不殆). 부지피이지기(不知彼而知己)일승일부(一勝一負). 부지피(不知彼), 부지기(不知己), 매전필태(每戰必殆)

우리가 익히 아는 "지피지기(知彼知己), 백전백승(百戰百勝)"이 실은 "지피지기(知彼知己), 백전불태(百戰不殆)"입니다. 즉 잘못 전달되었을 뿐이며 이길 승(勝)이 아닌 위태로울 태(殆)입니다.

우리는 개방사회인 반면, 북한은 폐쇄사회입니다. 다시 말하면 개방사회는 잘못된 것이 있으면 이를 수정하여 스스로 고칠 수 있는 제도적 장치가 있습니다. 반면 폐쇄사회는 자신이 없는 사회입니다. 자신이 없기에 꽁꽁 국경을 닫아놓고 산다고 볼 수 있습니다. 그래서 폐쇄사회의 정보를 얻기란 쉽지 않습니다. 그래서 온갖 방법을 동원하여 수집한 정보를 짜 맞추어야 합니다. 그래야만 백전불태(百戰不殆)합니다.

남북은 여러 가지 면에서 차이점과 공통점이 교차합니다. 차이점으로는 남한이 경제적 가치를 강조한다면, 북한은 자주성이나 주체 등 정신적인 면을 강조합니다. 남한이 개인주의라면, 북한은 집단주의입니다. 남한이 세계주의를 지향하고 세계로 나아가려 고 하지만, 북한은 민족주의를 지향하면서 민족으로 돌아오려고 합니다. 남한이 미래가 없는 현실은 현실 취급하지 않지만, 북한은 과거부터 현재를 보는 과거지향적 시각이 강합니다.

공통점으로는 경험이 많다는 점입니다. 경험이 많은 사람은 대개 아픔을 많이 겪은 사람이기도 합니다. 식민지 경험, 전쟁, 분단, 혹독한 빈곤이 여기에 해당합니다. 언어, 인종 그리고 눈에 보이지 않는 유교적 가치관도 유사합니다. '한'을 품고 있고 '정'이 많으며 '흥'이 있는 민족성은 공통적입니다. 우리 민족이 갖고 있는 고유한 절대적 가치가 있습니다. 예를 들어 '사람이 되어야지'라는 개념의 말은 남과 북에서 동일하게 쓰입니다. 남과 북 모두 자존심을 중요하게 생각합니다. 그래서 북한은 미국에 맞서 싸우는 것에서 자긍심을 찾고, 남한은 한류에서 긍지를 느낍니다. 우리나라 사람만큼 몇 등이라는 순위에 흥미를 갖는 사람도 없다고 합니다.

김정은의 딸을 후계자로 삼는다는 오늘의 이야기입니다. 딸이면 어떻습니까마는 후계자체가 우스울 따름입니다. 언제쯤 북한의 정보를 짜 맞추지 않을 날이 올지 현재로서는 기대하기 어렵습니다.

II. 단어 및 한자 익힘

- 미상 : 확실하거나 분명하지 않음.
  예시) 이 연대 未詳의 작품은 작가조차 누군지 알 수 없다.
  未詳 : 未(아닐 미) 詳(자세할 상)

북한

- 후사 : 대(代)를 잇는 자식.
  예시) 그 부부는 결혼한 지 10년이 넘도록 後嗣를 보지 못하였다.
  後嗣 : 後(뒤 후) 嗣(이을 사)

- 대동(1) : 어떤 모임이나 행사에 거느려 함께함.
  예시) 그는 부모님을 帶同하고 교회에 갔다.
  帶同 : 帶(띠 대) 同(한가지 동)
  * 대동(2) : 각각의 세력들이 한 덩어리로 크게 뭉침.
  예시) 우리 마을은 이웃 마을과 大同하여 지역 문제를 해결해 나갔다.
  大同 : 大(큰 대) 同(한가지 동)

- 남존여비 : 사회적 지위나 권리에 있어 남자를 여자보다 우대하고 존중하는 일.
  예시) 할아버지 세대에서는 男尊女卑사상이 강하다고 한다.
  男尊女卑 : 男(사내 남) 尊(높을 존) 女(계집 녀) 卑(낮을 비)

- 장마당 : 장이 서는 곳.
  예시) 시골에서는 場마당을 중심으로 경제가 활발하다.
  場마당 : 場(마당 장) 마당
  cf) 장 : 많은 사람이 모여 여러 가지 물건을 사고파는 곳.

- 묘연하다 : 소식이나 행방 따위를 알 길이 없다.
  예시) 전쟁터로 나간 막내 삼촌의 소식이 杳然하면서 가족들은 걱정했다.
  杳然 : 杳(아득할 묘) 然(그럴 연)

- 데뷔(프랑스어, début) : 일정한 활동 분야에 처음으로 등장함.
  예시) 유럽축구 데뷔 2년 만에 최우수선수로 선정되었다.

Ⅲ. 생각하기

　예외 없는 법률은 없습니다('There is no rule but exceptions'). 남존여비(男尊女卑)에 대한 예외는 누구를 위한 것일까요? 권력자를 위한 예외일 뿐입니다. 민주화가 된 사회라면 그 예외는 약자를 향해야 할 것입니다.

북한

대북 확성기 6년 만의 재개 수순… 北 '오물 풍선' 도발이 자초

북한이 또 오물 풍선 테러를 자행했다. 엿새 사이에 두 번째 도발로, 주말 사이에 날아든 720여 개를 포함하면 쓰레기와 오물이 든 대형 풍선은 1000개 안팎에 이른다. 정부는 이에 맞서 어제 국가안전보장회의(NSC)를 열고 "북한이 감내하기 어려운 조치에 착수할 것"이라고 밝혔다. 이 조치엔 대북 심리전의 하나인 군의 대북 확성기 방송 재개도 포함된다. 군은 확성기 장비를 휴전선 일대에 재설치하고, 북의 추가 도발이 있을 때 즉각 방송을 재개한다는 방침을 세웠다. 확성기 전진 배치는 2018년 문재인-김정은 판문점 정상회담을 앞두고 철거한 뒤 6년 만이다.

정부가 확성기 카드를 선택한 것은 오물 풍선과 GPS 교란 등 북한의 유치한 저강도 도발에 대한 실질 대책이 마땅치 않기 때문이다. 게다가 북한은 정찰위성 및 탄도미사일 발사 등 군사 위협도 병행하고 있다. 군사적-비군사적 도발을 교묘히 섞어 혼란과 공포를 키우고 있는 북한에 구두 경고로만 대응할 수 없는 것이 현실이다. 대북 확성기는 북한엔 아주 위협적인 대응 수단으로 통한다. 군은 과거 뉴스, 일기예보 등과 함께 3대 세습 체제를 비판하는 내용을 송출하곤 했는데, 야간에는 북쪽 20km까지 가청 범위가 늘어나 적잖은 북 장병들에게 전달된다.

정부는 오늘 국무회의를 열고 2018년 4월 판문점 선언이나 9·19남북군사합의의 효력을 일부 정지하는 조치를 취할 것으로 보인다. 대북 확성기 방송은 대북 전단 살포와 함께 2020년 제정된 남북관계발전법에 따라 금지돼 있고, 위반 시 처벌 조항까지 있다. 하지만 대통령이 합의의 효력을 정지시켰을 때는 해당되지 않는다는 취지의 단서조항이 마련돼 있다. 9·19군사합의는 이미 남북 모두 효력이 사라졌다고 밝힌 바 있어 사실상 사문화됐지만, 법률적 논란을 피하기 위해 국무회의 의결 절차를 거친다는 것이다

우리의 경고에도 북한이 유사한 도발을 이어갈 경우 확성기 카드를 실제 쓰게 되는 상황이 올 수 있고, 북한이 이에 민감하게 반응한다면 남북 간 긴장 수위가 높아질 수 있다.

06

분명한 것은 북한이 이런 상황을 자초했다는 점이다. 다만, 북한이 의도적으로 이런 대응을 유도하려 한 것일 수도 있는 만큼 군은 북한의 또 다른 도발 가능성에도 철저히 대비해야 할 것이다.

출처 : 2024년 6월 3일, 동아일보(사설)

오물 풍선 갈등이 '9·19 군사합의' 다 허물 일인가

정부가 3일 "남북 간 상호 신뢰가 회복될 때까지" 2018년 9·19 남북 군사합의의 효력을 전부 정지하기로 했다. 지난달 28일부터 이어진 북한의 대남 오물 풍선 살포에 대한 대응이다. 대통령실은 국가안전보장회의(NSC) 실무조정회의에서 "유명무실화된 9·19 군사합의가 우리 군의 대비 태세에 많은 문제점을 초래하고 있다"며 초강수를 빼들었다. 이 안건은 4일 국무회의에 상정된다. 앞서 북한은 지난 2일 밤 남측도 "휴지장들을 주워 담는 노릇이 얼마나 기분이 더럽고 많은 공력이 소비되는지 충분한 체험"을 했을 것이라며 남측이 먼저 하지 않는 한 풍선 살포를 중단할 것이라고 했다.

정부의 9·19 군사합의 전체 효력 정지는 대북 확성기 선전방송 재개 검토에 이어 내놓은 조치이다. 보수 일각으로부터 북한 풍선이 군사분계선을 넘어오는 걸 막지 못했다고 비판받자 내놓은 것이다. 북한의 이번 행동이 치졸하면서도 섬뜩한 도발이었음에 틀림없다. 하지만 남측이 9·19 군사합의 전체 효력정지로 대응하는 게 적절한지는 동의하기 어렵다. 9·19 군사합의가 지난해 남측의 '일부 효력 정지' 후 북한의 '폐기 선언'으로 유명무실해졌다고는 하지만, 남북의 충돌을 제어하던 그 족쇄를 완전히 벗어던지는 것은 다른 얘기다.

북한 오물 풍선이 아무런 제지 없이 남쪽으로 넘어온 것은 9·19 군사합의로 남측 군의 대응이 제약받았기 때문이 아니다. 군은 풍선이 넘어오지 못하도록 격추할 수도 있었

북한

다. 하지만 그럴 경우 북한 지역에 사격을 가하는 교전 행위가 될 수 있고, 정체불명 내용물이 공중에서 터져 넓은 지역에 확산될 수 있기에 낙하 후 수거가 가장 안전하다고 판단한 것 아닌가.

풍선이 넘어온 직접적인 이유는 남측에서 먼저 대북전단 풍선을 올려보냈기 때문이다. 북한인권운동 단체가 지난달 10일 대북전단 30만여장을 올려보낸 것이 대표적 사례다. 북한 당국도 남측이 했듯이 주민들에게 대북전단 풍선 접근을 차단한 채 군경이 일일이 수거해오고 있다.

정부가 국민의 생명과 안전을 걱정한다면 민간단체의 대북전단 살포를 자제시켜야 한다. 당장 이 단체는 오는 6일 또다시 전단 20만여장을 북쪽으로 날려보낼 계획이라고 한다. 윤석열 정부는 지난해 9월 대북전단 살포를 금지한 남북관계발전법이 헌법재판소에서 위헌 판단이 내려진 뒤 단체들의 대북전단 살포를 수수방관하고 있다. 북한 인권 운동가들의 '표현의 자유'를 존중해야 하지만, 그것이 국민의 생명과 안전을 위협하는 결과로 이어질 게 분명하다면 정부가 개입해야 한다.

출처 : 2024년 6월 4일, 경향신문(여적)

I. 사설, 칼럼 소개

바빌로니아의 함무라비 법전의 '이에는 이, 눈에는 눈'이라는 표현은 널리 알려져 있습니다. 여기서 유래한 탈리오의 원칙은 '피해자가 당한 손해를 가해자도 같은 정도로 당하게 한다는 보복(報復)의 원칙'을 말합니다. 물론 무제한의 보복을 제한하기 위한 것입니다. 영어에도 같은 표현이 있습니다. 'an eye for an eye'는 같은 종류의 보복(retribution in kind)이라고 설명하고 있습니다.

06

미국의 뉴욕타임스(The New York Times)는 2024년 6월 2일 "Why Did North Korea Bombard the South With Trash Balloons?"라는 제목의 기사로 대한민국과 북한 사이의 오물 풍선 사건을 보도하고 있습니다. 그 내용 중에는 "The North has cast the floating offensive as "tit-for-tat action."고 있습니다. 이 문장에 있는 'tit-for-tat'도 첫째 단락의 'an eye for an eye와 같은 뜻입니다.

오물풍선과 유사한 심리전의 역사는 오래되었습니다. 사면초가(四面楚歌)도 심리전의 한 단면입니다. 사방이 초나라 노래라는 뜻으로, 아무에게도 도움을 받지 못하는, 외롭고 곤란한 상황을 이르는 말입니다. 네 방향에서 적군이 부르는 노래가 들린다는 뜻이니, 사방이 모두 적으로 둘러싸인 상황을 말합니다. 그 심리전은 냉전 시대에도 계승되었습니다. 뉴욕타임스 기사를 인용하겠습니다. "But the North's actions in the past week have been a revival of a Cold War era tactic: propaganda balloons as psychological warfare."

점입가경(漸入佳境)입니다. 우리나라의 탈북자 단체와 뜻을 같이하는 기독교 단체가 북한으로 보낸 전단(傳單, leaflet)에 대한 맞대응의 성격이 북한의 오물풍선입니다. 우리가 보낸 전단은 '선(善)'이고, 북한이 보낸 오물풍선은 '악(惡)'인가요? 외형적으로는 그렇게 보일 수도 있습니다. 전단에는 북한의 실상을 고발하고, 자유의 중요성과 때로는 1달러도 동봉하는 반면, 오물풍선에는 말 그대로 오물(human waste)이 실려있습니다.

전체적인 그림을 그려보면 우리의 확성기 재개는 북한이 자초했습니다. 저들은 계속해서 바다를 향해 탄도미사일을 쏘는 등 우리의 평화를 위협했기 때문입니다. 그러나 북한의 오물 풍선과 우리가 보낸 전단으로 축소해보면 북한의 오물 풍선이 날아오게 만든 방아쇠(trigger) 역할은 우리가 아닌지 생각해 볼 필요가 있습니다. 오늘은 정부의 즉각적인 대책을 찬성하는 사설과 반대하는 칼럼을 소개합니다.

'hair-trigger'라는 단어가 있습니다. 'a trigger on a gun that needs very little pressure to cause the gun to shoot'라는 뜻입니다. '예민하다'는 내용일 것입니다. 북한이 예민하게 행동할 수 있는 빌미 제공을 자제해야 생각하는 국민도 있습니다. 그리고 접경지역에 사는 우리 국민은 불안할 뿐입니다. 우리는 큰 형입니다. 우리와 비교조차 되지 않는 북한의 국력입니다. 평화를 관리하는 것도 우리의 몫이라 생각합니다.

북한

Ⅱ. 단어 및 한자 익힘

- 자초 : 어떤 결과를 자기가 생기게 함. 또는 제 스스로 끌어들임.
  예시) 북한 역시 민족의 공멸을 自招할 최악의 사태는 원치 않는다는 신호다.
  自招 : 自(스스로 자, self) 招(초대할 초, invite)

- 감내 : 어려움을 참고 버티어 이겨 냄.
  예시) 산유국인 쿠웨이트는 낮은 유가를 충분히 堪耐할 수 있다.
  堪耐 : 堪(견딜 감) 耐(견딜 내)

- 송출
  ① 사람을 해외로 내보냄.
  예시) 옛날에는 우리나라를 선전하기 위해 연예인을 送出하기도 했다.
  ② 물품, 전기, 전파, 정보 따위를 기계적으로 전달함.
  예시) 국가는 지진재난문자를 送出했다.
  送出 : 送(보낼 송) 出(날 출)

- 사문화 : 법령이나 규칙 따위가 실제적인 효력을 잃어버림. 또는 그렇게 함.
  예시) 두 나라 사이의 조약은 死文化된 것이나 마찬가지다.
  死文化 : 死(죽을 사) 文(글월 문) 化(될 화)

- 강수 : 무리함을 무릅쓴 강력한 방법.
  예시) 미국과 북한의 대결 국면에서 미국 대통령의 强手에 북한이 한발 물러났다.
- *초강수 : 대단히 강력한 방법.
  예시) 정부는 불법 파업을 한 노조에 대해 경찰력 투입이라는 超强手를 두었다.
  超强手 : 超(넘을 초), 强(강할 강) 手(손 수)

06

- 제어
  ① 상대편을 억눌러서 제 마음대로 다룸.
  예시) 만일 그이가 아니었던들 그 감때사나운 청년들을 누가 制御를 할 것인가.
  ※ 감때사납다 : 사람이 억세고 사납다.
  ② 감정, 충동, 생각 따위를 막거나 누름.
  ③ 기계나 설비 또는 화학 반응 따위가 목적에 알맞은 작용을 하도록 조절함.
  예시) 자동차가 갑자기 制御가 되지 않았다.
  制御 : 制(control 제) 御(거느릴 어)

- 수거 : 거두어 감.
  예시) 우리 동네는 일주일에 한 번 쓰레기를 收去한다.
  收去 : 收(거둘 수) 去(갈 거)

- 살포
  ① 액체, 가루 따위를 흩어 뿌림.
  예시) 농번기에 농약의 본격적인 撒布가 시작되었다.
  ② 금품, 전단 따위를 여러 사람에게 나누어 줌.
  예시) 정문에서는 학원을 선전하는 유인물이 撒布되었다.
  撒布 : 撒(뿌릴 살) 布(펼칠 포)

- 수수방관 : 팔짱을 끼고 보고만 있다는 뜻으로, 간섭하거나 거들지 아니하고 그대로 버려 둠을 이르는 말.
  예시) 정부도 고카페인 음료의 부작용에 대해 袖手傍觀하고 있지는 않다.
  袖手傍觀 : 袖(소매 수) 手(손 수) 傍(곁 방) 觀(볼 관)

북한

Ⅲ. 생각하기

　두 개의 글은 보수신문의 사설과 진보진영의 칼럼입니다. 각자의 주장은 나름의 논리가 있을 것입니다. 자신의 입장을 정리해 보세요.

신문 사설과
칼럼으로 보는
**2024년의
이슈들 ①**

Chapter 07

역사

07

마리 앙투아네트

파리 중심부 센강 변에 있는 중세 건물 콩시에르주리는 궁전으로 지었지만 14세기부터 정치범 감옥으로 쓰던 곳이다. 이곳을 거쳐 간 죄수 중에 가장 유명한 인물이 프랑스 대혁명기의 마리 앙투아네트 왕비(1755~1793)다. 그곳에 76일간 수감돼 있으면서 재판받고 단두대의 이슬이 됐다. 남편 루이 16세는 그해 초 이미 단두대에 올랐다.

▶18세기에 오스트리아를 40년간 다스린 여제(女帝) 마리아 테레지아는 존경받는 통치자였다. 국가 재정을 아끼기 위해 진흙에서 추출한 황색 도료로 황실 소유 건물을 칠하게 해 일반 국민도 이 '테레지아 노랑'을 따라 할 정도로 근검절약했다. 그는 유럽의 강력한 경쟁자였던 프랑스 부르봉 왕조와 전쟁 억제를 위해 결혼 동맹을 맺었다. 여제는 어린 딸 마리 앙투아네트를 프랑스로 시집 보내면서 "정치에 개입하지 말고 남들 일에 관여하지 말라"고 했다.

▶1788년 프랑스 재정은 지출 6억2900만 리브르, 수입 5억300만 리브르의 적자 상태였다. 왕실 비용으로는 3500만 리브르가 할당돼 전체 지출의 6% 수준이었다. 국가 재정을 파탄 낸 주범은 루이 14세와 루이 15세가 전쟁 등을 치르며 남긴 막대한 부채였다. 부채 상환에 들어가는 금액이 전체 지출의 절반(3억리브르)이었다. 하지만 극심한 빈곤이 나라를 휩쓸자 '사치와 타락의 원흉'이라며 외국인 왕비에 대한 원성이 높아졌다.

▶콩시에르주리로 이감된 지 두 달 만에 마리 앙투아네트에 대한 1차 심문이 열렸다. 기소장에 '오스트리아 황제에게 돈을 주고 정치 거래를 했다. 내전을 부추기며 애국자를 학살하고 외국에 전쟁 작전을 넘겨주었다. 8세 아들을 잠자리로 불러들여 근친상간을 했다'는 내용이 포함돼 있었다. 인쇄공, 가발 제조업자, 음악가, 목수 등으로 구성된 배심원들은 만장일치로 유죄판결을 내렸고 사형이 선고됐다. 당시 급진파 자크 에베르가 1790년부터 발간한 포퓰리즘 신문 '르 페르 뒤셴'이 "창녀" "암늑대"라고 부르면서 마리 앙투아네트에게 근친상간 누명을 씌워 사형을 주도했다. 마리 앙투아네트가 처형되고 몇 달 후 에베르도 다른 급진파들과 함께 단두대에서 처형당했다.

역사

> ▶왕족으로 누린 화려한 삶, 그와 대비되는 비극적 죽음 때문에 마리 앙투아네트는 영화, 소설, 뮤지컬 등의 소재로 자주 등장한다. 프랑스 대혁명기에 덧씌워진 잘못된 소문은 이후 역사적으로 상당 부분 해명됐지만 여전히 따라다닌다. 잊을 만하면 종종 국내 정치에도 소환되는데 최근에도 그 이름이 등장했다. 마리 앙투아네트에 대한 역사적 진실을 얼마나 알고 인용하는지는 의문이다.
>
> 출처 : 2024년 1월 23일, 조선일보(만물상)

Ⅰ. 칼럼 소개

우리 현대사에서 발자취를 남긴 분 중의 하나로 박정희 대통령을 꼽습니다. 그가 군인에서 정치권으로 입문한 때는 1961년 5월 16일입니다. 5월 16일의 행동을 가리켜 군사 정변(軍事 政變, coup dÉtat)이니 혁명(革命, revolution)이니 말이 많습니다. 군사 정변은 정변에 가담한 소수의 이익을 추구하면서 전체주의를 지향한다면, 혁명은 전체의 이익을 추구하면서 자유를 지향합니다. 물론 개념 정립은 학자들의 몫이지만 지금은 대체로 군사 정변으로 정리되는 것 같습니다. 참고로 'revolution(혁명)'의 본래의 의미는 '행성의 공전(公轉)'입니다.

우리나라 역사를 포함하여 세계사에서 혁명이라는 이름의 역사적 사건들이 여럿 있습니다. 영국의 명예혁명, 프랑스 혁명, 러시아 혁명, 미국 독립혁명, 동학혁명, 4·19혁명 등이 그 예이며 그중 프랑스 혁명은 혁명의 전범(典範)으로 치부되어 왔습니다. 프랑스는 자유, 평등, 박애를 기치로 내건 프랑스 혁명일인 1789년 7월 14일을 기념하여 7월 14일을 국경일로 기립니다. 이 혁명에서 프랑스의 인권선언도 탄생했습니다.

프랑스 혁명은 왕정(王政)이 빚을 많이 지고 더는 돈을 끌어올 곳을 찾지 못한 채 세제개혁을 하려 했지만 특권층의 반발로 실패하면서 혁명이 일어났던 것입니다. 혁명지도자들은 루이 16세가 다스리던 체제를 '앙시앵 레짐'이라 불렀습니다. '앙시앵 레짐'은 'ancient regime'의 프랑스

07

식 발음이며'구체제(舊體制)'라 해석하고 마땅히 없어져야 할 모순투성이 사회를 말합니다. 혁명의 대상이자 타도의 대상인 셈입니다. 그 과정에서 피를 불러오는 것은 필연입니다. 유혈사태가 없었기에 영국에서는 명예혁명이라 부릅니다.

프랑스에는 여성을 차별하는 법인 살라카법(Lex Salica)이 있었습니다. 유산을 여자에게 물려주지 못한다는 내용이 있었을 뿐만 아니라 이것을 왕위계승에도 그대로 적용했습니다. 그래서 프랑스에는 여왕이 없습니다. 오늘의 주제는 마리 앙투아네트(Marie Antoinette)입니다. 자연히 앙투아네트의 남편인 루이 16세(Louis XVI)가 소환될 수밖에 없을 것입니다.

일반인들에게는 마리 앙투아네트는 사치(奢侈)와 낭비(浪費)의 대명사로 알려져 있습니다. 영부인 김건희 여사를 두고 마리 앙투아네트라는 비유가 나왔습니다. 대통령에 대한 부정평가율이 긍정평가율보다 많이 밑도는 상황에서 영부인은 구설(口舌)에 오르지 않도록 신경을 썼어야 했는데 안타깝습니다.

II. 단어 및 한자 익힘

- 수감 : 사람을 구치소나 교도소에 가두어 넣음.
  예시) 군사독재정권 시절에는 민주화를 부르짖는 많은 학생이 收監되었다.
  收監 : 收(거둘 수. 거두다는 reap) 監(볼 감. 볼은 보다. 살피다)

- 단두대(guillotine) : 사형수의 목을 자르는 대.
  예시) 유토피아를 쓴 영국의 토마스 모어도 斷頭臺의 이슬로 사라졌다.
  斷頭臺 : 斷(끊을 단) 頭(머리 두) 臺(대 대)

- 여제 : 여자 황제.
  예시) 대외 팽창 정책을 펼쳤던 러시아 예카테리나 女帝는 1783년 크림반도를 합병한 뒤 세바스토폴에 해군 기지를 세우고 함대를 만들었다.

역사

女帝 : 女(계집 여) 帝(임금 제)

- 도료 : 물건의 겉에 칠하여 그것을 썩지 않게 하거나 외관상 아름답게 하는 재료.
  예시) 새로 지은 집에 들어가기 위해서는 塗料를 입혀야 할 것이다.
  塗料 : 塗(칠할 도) 料(헤아릴 료)

- 파탄 : 일이나 계획 따위가 원만하게 진행되지 못하고 중도에서 잘못됨.
  예시) 재정이 破綻나면 국민 부담으로 돌아온다.
  破綻 : 破(깨뜨릴 파) 綻(터질 탄)

- 원성 : 원망하는 소리.
  예시) 함정단속으로 일관해 온 경찰은 운전자들의 怨聲을 사고 있다.
  怨聲 : 怨(원망할 원) 聲(소리 성)

- 누명 : 사실이 아닌 일로 이름을 더럽히는 억울한 평판.
  예시) 그는 다시 재판을 받아 살인의 陋名을 벗었다.
  누명 : 陋(더러울 누) 名(이름 명)

Ⅲ. 생각하기

마리 앙투아네트가 주도한 가장 멍청한 일은 혁명이 한창 진행되는 도중에 왕실 사람들이 모두 초대형 마차를 타고 탈출을 시도한 소위 '바렌(varenness) 도주 사건'입니다. 이는 왕실이 배신자로 낙인찍혀 국민의 신뢰를 잃는 결정적 계기가 되었습니다. 한 나라의 수반도 중요하지만 그의 배우자도 역시 중요하다는 역사적 사건이었습니다.

한일 우호 상징 '군마현 조선인 추도비' 20년 만에 철거

제2차 세계대전이 끝나고 반세기가 흐른 1995년, 일본 곳곳에서 '침략의 역사를 제대로 기억하자'는 움직임이 일었다. 도쿄에서 서북쪽으로 100km쯤 떨어진 군마(群馬)현에서도 조선인 6000여 명이 강제징용으로 끌려왔고, 이 중 상당수가 가혹한 노동에 시달리다 숨진 사실이 밝혀졌다. 이들의 아픔을 달래기 위해 지역 시민단체와 기업, 주민들이 <u>십시일반</u>으로 돈을 모아 추도비 건립에 나섰다. 재일동포들도 총련, 민단 가릴 것 없이 힘을 보탰다.

▷그렇게 2004년 세워진 것이 다카사키시 '군마의 숲' 공원에 있는 '군마현 조선인·한국인 강제연행 희생자 추도비'다. 비석 앞면엔 '기억 반성 그리고 우호'라는 글이 일본어와 한글, 영어 순으로 크게 쓰여 있다. 뒷면에는 한국인에게 큰 손해와 고통을 입힌 역사를 반성해 잘못을 반복하지 않겠다는 긴 글이 일본어와 한글로 적혔다. 일본의 반성을 담은 <u>추도비</u>가 지자체 소유 공원에 들어선 건 군마현이 유일한데, 당시 현은 정치적 행사를 하지 않는다는 조건으로 설립을 허가했다.

▷그런데 20년간 '한일 우호의 상징'으로 있던 이 추도비가 29일부터 철거에 들어간다. 군마현은 2주 동안 공원 전체를 폐쇄하고 추도비를 철거한다고 한다. "강제동원 역사를 부정하는 <u>만행</u>"이라며 철거를 반대하는 시민단체와 철거를 지지하는 우익단체의 충돌을 고려한 조치다. 시민단체가 추도비 앞에서 정치적 발언을 했다는 것을 트집 잡아 극우 세력들이 철거를 주장한 건 아베 신조 정권이 출범한 2012년 무렵이다. 이때부터 일본 각지의 한국인 위령비, 추모비가 우익 세력의 표적이 됐다.

▷이어 2014년에는 도쿄에 있는 '간토대지진 조선인 희생자 추도비' 철거를 주장해 온 <u>혐한</u> 단체가 군마현 추도비 철거 청원을 냈고, 자민당 의원이 다수였던 현의회가 이를 받아들였다. 군마현은 일본의 첫 부자 총리인 후쿠다 다케오·후쿠다 야스오, 나카소네 야스히로, 오부치 게이조 등 자민당 출신 총리를 4명이나 배출한 보수 텃밭이다. 추도비를 지키는 시민 모임이 소송으로 맞대응하며 법정 싸움에 들어갔지만 보수 색채가 짙은 일

역사

> 본고등재판소에 이어 최고재판소까지 군마현의 손을 들어줬다.
>
> ▷일본 전역에 150개가 넘는 조선인 추모비가 있는데, 지방정부가 직접 철거에 나선 건 이번이 처음이라고 한다. 집권 내내 역사수정주의적 관점으로 과거사를 미화하려고 했던 아베 정권의 '침략의 역사 지우기'가 군마현에서 실현되고 있는 셈이다. 지난해 한일 정상의 수차례 만남으로 파행을 거듭하던 양국 관계가 정상화 궤도에 복귀하고 있지만, 한편으로는 가해의 기억을 지워 가는 일본의 변화 없는 태도가 계속되고 있어 씁쓸하다.
>
> 출처 : 2024년 1월 29일, 동아일보(횡설수설)

Ⅰ. 칼럼 소개

우리는 일본국민과 일본이라는 나라를 따로 구분해서 평을 하기도 합니다. 항상 일본 정부의 행태에 마음의 상처를 받는 우리로서는 일본 어디를 가도 "스미마센(미안합니다)"이라며 쉽게 미안함을 표하는 그들을 보고선 가까운 이웃 나라이니 가능한 좋게 지내려는 의도에서 나라와 국민을 구별하려고 합니다.

흔히들 일본에는 세 차례 정도 역사반성의 기회가 있었다고 합니다. 가장 먼저는 도쿄재판(1946년)입니다. 패전과 함께 일본은 포츠담선언을 수락했습니다. 이 선언에 따라 일본은 전범재판(戰犯裁判)을 받고 배상을 해야만 했습니다. 이 재판에서 연합국과 치른 전쟁에 대한 죄로 조선과 대만을 통치했던 총독들을 포함하여 일본의 A급 전범들이 기소되었습니다. 하지만 그들이 재판정에 섰던 것은 식민지 통치에 대한 죄 때문은 아니었습니다. 즉 그 재판에서 연합국에 대한 침략의 죄만 물었습니다. 영국이나 미국이 자신들의 식민지 지배를 정당화하고 유지하려고 했기 때문입니다.

두 번째는 샌프란시스코 강화조약(講和條約)이 맺어진 1951년입니다. 제2차 세계대전을 종식시키기 위해 일본과 연합국 48개국이 맺은 평화조약입니다. 당시 이승만 대통령은 끝까지 샌프란시스코 강화조약에 연합국의 일원으로 참여하려 했지만 당시 일본 수상은 강화조약 체결의 조건으로 한국을 배제하려 했고, 결국 우리는 참여하지 못한 채 일본과 연합국만의 강화조약이 되고 말았습니다. 일본은 빨리 독립해야 했고, 한국이나 대만 등 식민지 국가들이 참여하면 빠른 시일에 합의할 수 없었기에 이들을 배제한 채 연합국과 단독으로 강화조약을 맺으려고 한 것입니다. 그 결과 일본은 반성할 수 있는 기회를 다시 한번 놓쳤습니다.

세 번째는 한일 양국의 직접적인 협상이 이루어진 1965년 한일기본조약체결입니다. 이때 한국은 국가보상·배상 및 식민지 지배 사죄를 요구했지만 일본은 어느 것 하나 끝까지 인정하지 않은 채 '경제협력 방식'으로 한일기본조약이 체결되어 버렸습니다. 그 후에 일본은 아시아의 국가들, 즉 인도네시아나 대만과도 양국 조약을 맺었지만, 아시아의 어느 나라에도 식민지 지배를 사죄하지 않았습니다. 특히 중국과의 관계에서도 모든 청구권을 포기시켰습니다. 결국 일본은 현재까지 아시아의 어느 나라에도 식민지 문제와 관련된 사죄를 하지 않은 채 '경제협력 방식'으로 전후를 지내왔습니다.

위의 세 번의 기회에서 첫째와 둘째가 국제관계의 맥락에서였다면 마지막인 한일기본조약체결은 식민지 피해 당사자인 우리나라가 직접 관계된 것입니다. 그때는 쿠데타(1961년)로 정권을 잡은 박정희 전 대통령의 경제개발 정책이 박차를 가하던 시기였습니다. 현실적으로 외국의 도움이 필요한 시기였습니다. 그러나 해방 후 한국과 일본의 새로운 관계가 정립되어 출발하는 시기에 너무 근시안적으로 해결하려 했던 우리의 잘못이 아닌가 생각됩니다. 첫 단추를 잘못 끼운 결과가 오늘에 이르기까지 마음의 상처가 계속해서 덧나게 하는 근본적인 원인이었습니다.

또 다른 원인은 일본 정치의 한계라고 생각합니다. 일본의 여당은 자민당(自民黨)입니다. 자민당을 견제해온 사회당 등 혁신세력이 약화되고, 자민당 내 자유주의 보수세력도 존재감을 잃었으며, 야당은 민주당을 포함해 군소정당으로 전락해버린 현재, 제도권의 의회정치에서 민주주의가 실종되었다고 생각합니다. 자민당 내에서도 우익세력을 견제할 세력이 없다는 것이 일본 정치의 현주소입니다. 견제가 없는 민주주의는 이름뿐인 민주주의입니다. 분명 8월 15일이 되면 일본 정치인들이 오불관언(吾不關焉)으로 전범(戰犯)의 혼이 모셔진 야스쿠니 신사를 참배할 것입니다.

역사

　마지막으로는 일본의 우익 세력에게 힘을 실어주는 국제정세입니다. 중국을 견제하려는 미국에 동원되는 우리나라와 일본, 북한의 호전성 등이 얽혀있습니다. 세계 최강 미국이 일본의 자기반성에 적극적일 까닭이 없습니다. 오히려 미국의 동북아 정책에 일본의 우익은 동반자 역할을 잘 할 수 있으리라 생각했을 것입니다.

　가까이하기엔 너무나 먼 당신이라는 대중가요의 가사가 생각날 뿐입니다.

II. 단어 및 한자 익힘

- 십시일반 : 밥 열 술이 한 그릇이 된다는 뜻으로, 여러 사람이 조금씩 힘을 합하면 한 사람을 돕기 쉬움을 이르는 말.
  예시) 이번에 우리가 十匙一飯으로 몇 푼씩 모아 송덕비를 세워드리자고 했다.
  十匙一飯 : 十(열 십) 匙(숟가락 시) 一(하나 일) 飯(밥 반)

- 추도 : 죽은 사람을 생각하여 슬퍼함.
  예시) 많은 조객이 모여들어 고인을 追悼했다.
  追悼 : 追(쫓을 추) 悼(슬퍼할 도)
  *추모 : 죽은 사람을 그리며 생각함.
  예시) 링컨은 게티즈버그에서 남북전쟁 당시 죽은 장병을 追慕하는 연설을 했다.
  追慕 : 追(쫓을 추) 慕(그리워할 모)

- 만행 : 야만스러운 행위.
  예시) 그는 극악무도한 蠻行에 대해…더할 수 없게 억울하고 비참했다.
  蠻行 : 蠻(오랑캐 만) 行(다닐 행, 행하다 행)

- 혐한 : 한국이나 한국인을 싫어하고 미워함.
  예시) 중국 내 嫌韓이 도를 지나치고 있다.
  嫌韓 : 嫌(싫어할 혐) 韓(한국 한)

07

- 역사수정주의 : 패전 이전의 제국주의 침략전쟁과 식민지배를 정당화하는 입장.

- 미화 : 아름답게 꾸밈.
  예시) 일본은 부끄러운 과거사를 오히려 **美化**하는 데 여념이 없다.
  美化 : 美(아름다울 미) 化(될 화)

- 파행 : 일이나 계획 따위가 순조롭지 못하고 이상하게 진행됨을 비유적으로 이르는 말.
  예시) 국회가 **跛行**되면 그 피해는 국민에게 돌아간다.
  跛行 : 跛(절름발이 파) 行(행할 행)

- 궤도
  ① 수레가 지나간 바퀴자국이 난 길.
  ② 일이 발전하는 본격적인 방향과 단계.
  예시) 아버지의 사업이 정상 **軌道**에 오르려면 시간이 좀 걸릴 것이다.
  軌道 : 軌(바퀴 자국 궤) 道(길 도)

Ⅲ. 생각하기

음악 시간에 배운 도돌이표(:||)가 생각납니다. 잊을 만하면 일본은 반성없는 행태를 반복할 것입니다.

Chapter 08

환경

'20년 만에 그린벨트 화끈하게 푼다'… 왜 지금?

"시민분께서 '화끈하게 풀어 달라'고 하셨는데 걱정하지 마세요." 올해 들어 13번째로 울산에서 열린 민생토론회에서 윤석열 대통령은 비수도권 그린벨트(개발제한구역) 대폭 해제 계획을 내놓은 뒤 이렇게 말했다. 정부는 <u>획일적</u>인 해제 기준을 바꿔 부산 울산 창원 대구 광주 대전 등 6개 대도시 등지의 그린벨트를 풀 방침이다. 총선을 47일 앞두고 지방 <u>표심</u>을 겨냥한 조치란 분석이 나온다.

▷정부의 국가첨단산업단지, 지방자치단체의 지역전략사업 추진을 위해 필요한 경우 보전가치가 높은 1·2등급 그린벨트까지 풀 수 있도록 하고, 지역별 그린벨트 총량 규제에서도 예외로 인정해 준다는 게 이번 방안의 핵심이다. 현재 전국 그린벨트 3793km² 중 64%가 비수도권에 있다. 전국적인 그린벨트 해제는 2001~2003년 춘천 청주 전주 여수 제주 진주 통영 등 7개 중소도시 해제 이후 20여 년 만에 처음이다.

▷1971년 박정희 대통령 지시로 서울 광화문에서 반경 15km 선상의 도넛 모양의 땅이 처음 지정된 후 그린벨트는 전 국토의 5.4%까지 확대됐다. 산업화, 도시화가 진행되는 동안 무분별한 도시 확대 방지, 미래세대를 위한 자연보전 역할을 톡톡히 해냈다. 김영삼 정부 때까지 큰 틀이 유지되다가 김대중 정부 때 외환위기 극복을 위한 경제 활성화 명목으로 큰 폭의 해제가 처음 이뤄졌다.

▷이후 역대 정부들은 수도권 주택 문제가 심각해질 때마다 그린벨트에 손을 댔다. 노무현 정부는 국민임대주택, 이명박 정부는 보금자리주택, 박근혜 정부는 민간 기업형 임대주택을 지을 땅을 확보하기 위해 서울 등 수도권의 그린벨트를 풀었다. 2020년 아파트 값이 <u>폭등</u>해 골머리를 썩이던 문재인 정부도 서울 주변 그린벨트를 해제해 아파트를 더 지으려다가 여론이 악화되자 포기했다.

▷이번 그린벨트 해제는 지방 산업기반 강화 목적으로 비수도권 대도시를 겨냥했다는 게 다른 점이다. 수도권 그린벨트 해제는 고려하지 않는다는 게 정부의 입장이다. 수도권

환경

해제를 함께 추진할 경우 지방 표심에 미치는 효과가 반감되거나 오히려 역풍이 불 수 있다는 점을 고려했을 것이란 해석이 나온다. 그린벨트 해제는 국회에서 법을 고치지 않고 도 정부가 자체적으로 결정할 수 있다.

▷국토의 효율적 활용은 중장기적인 밑그림을 토대로 추진돼야 한다. 특히 기후변화 때문에 세계적으로 환경 문제가 심각해지는 상황에서 '도시의 허파' 역할을 해온 녹지 규제 완화는 신중할 필요가 있다. 더욱이 총선을 코앞에 두고 대통령이 그린벨트 해제처럼 인화성 높은 개발 정책을 쏟아내는 건 관권을 이용한 선거 개입이란 비판을 피하기 어렵다.

출처 : 2024년 2월 23일, 동아일보(횡설수설)

Ⅰ. 칼럼 소개

다음은 헌법(憲法) 제23조의 규정입니다. "①모든 국민의 재산권은 보장된다. 그 내용과 한계는 법률로 정한다. ②재산권의 행사는 공공복리에 적합하도록 하여야 한다. ③공공필요에 의한 재산권의 수용·사용 또는 제한 및 그에 대한 보상은 법률로써 하되, 정당한 보상을 지급하여야 한다."

재산 중에서도 토지는 가장 중요한 재산권의 객체(客體)이며, 토지 재산권은 토지의 지표뿐만 아니라 일정한 범위의 지상과 지하에도 미칩니다. 그러나 토지 재산권은 그 밖의 재산권에 비해 가중된 사회적·공공적 구속을 받게 됩니다. 토지의 공개념이라는 것도 토지 재산권에 대한 가중된 사회적·공공적 구속성(拘束性)을 말합니다. 토지에 대해서만 사회적·공공적 구속이 한층 강화되어야 하는 이유를 토지가 가지는 인간의 생존과 생산을 위한 불가결한 기초로서의 공익성·경제성, 유한성, 공간적 고정성·항구성, 비대체성(非代替性)에서 찾을 수 있으며, 헌법적 근거로는 사회국가의 원리, 사회적 시장경제 질서, 재산권 보장의 상대성이라 할 수 있

08

습니다.

토지 재산권에 대한 규제의 극단의 예는 수용(收用)입니다. 예를 들어 신도시를 만들면서 대규모의 토지가 필요한 경우 법적으로 수용할 수 있는 권한이 생깁니다. 이를 수용이라고 하는데 전제는 보상입니다. 보상금액에 대한 이견은 있을 수 있지만 보상이 전제되지 않는 수용은 공산국가에서나 있는 일입니다.

오늘의 주제는 그린벨트(Green Bel)라고도 불리는 개발제한구역(開發制限區域)입니다. 관련 법(국토의 계획 및 이용에 관한 법률)에는 "도시의 무질서한 확산을 방지하고 도시 주변의 자연환경을 보전하여 도시민의 건전한 생활환경을 확보하기 위하여 도시의 개발을 제한할 필요가 있을 때"라고 규정하고 있습니다. 칼럼에서도 '도시의 허파'라는 말이 있습니다. 허파를 위해 개발제한구역을 지정하는데 이로써 많은 행위 제한이 수반됩니다. △허가없이 건축물, 공작물을 건축 또는 설치하는 행위 △동식물 관련 시설 또는 농수산물 보관시설 등을 물류창고, 공장 등으로 불법 용도 변경하는 행위 △농지나 임야의 형상을 변경해 주차장 등으로 무단 형질 변경하는 행위 △물건 무단 적치, 죽목(대나무와 나무를 아울러 이르는 말) 벌채 등을 할 수가 없습니다.

개발제한구역내에서는 토지에 대한 공법적 제한이 가장 강력합니다. 그럼에도 헌법재판소는 "그린벨트는 도시기능의 적정화 및 환경보존, 국가안보상 필요에 따른 것으로 공공이익에 부합하므로 합헌(合憲)이며, 특히 그린벨트로 지정되더라도 토지를 종전 용도대로 이용할 수 있으면 지가하락등의 불이익이 있더라도 토지소유자가 마땅히 감수해야 할 사회적 제약"이라고 판시했습니다.

그린벨트를 일부 해제한다고 합니다. 약간 뜬금없다는 생각도 듭니다. 선거가 가까이 왔다는 것 외에는 설명이 안됩니다. 참고로 '블루벨트(blue belt)'도 있습니다. 청정해역이라고도 불리는 블루벨트는 수산자원 보호를 위해 설정해 놓은 수산자원보호지구입니다.

환경

II. 단어 및 한자 익힘

- 획일적 : 모두가 한결같아서 다름이 없는 것.
  예시) 독재자는 **劃一的**인 것을 좋아한다.
  劃一的 : 劃(그을 획. 긋다) 一(하나 일) 的(과녁 적)

- 표심 : 유권자의 마음을 비유적으로 이르는 말.
  예시) 선거를 앞두고 각 정당은 **票心**을 잡기에 여념이 없다.
  票心 : 票(표 표) 心(마음 심)

- 폭등 : 물건의 값이나 주가 따위가 갑자기 큰 폭으로 오름.
  예시) 유가 **暴騰**에 다른 물가도 덩달아 올랐다.
  暴騰 : 暴(사나울 폭) 騰(오를 등)

- 반감(1) : 절반으로 줆. 또는 절반으로 줄임.
  예시) 참석자들의 소극적인 태도 때문에 행사의 의의가 **半減**됐다.
  半減 : 半(half 반) 減(줄어들 감)
  * 반감(2) : 반대하거나 반항하는 감정.
  예시) 상대를 너무 비방하면 **反感**을 산다.
  反感 : 反(돌이킬 반) 感(느낄 감)
  * 호감 : 좋게 여기는 감정.
  예시) 허리 디스크 수술을 받으면서도 병역의무를 다하겠다고 해 큰 **好感**을 샀다.
  好感 : 好(좋아할 호) 感(느낄 감)

- 인화성 : 불이 잘 붙는 성질.
  예시) 미술 재료 중에는 **引火性**이 강한 것들이 많다.
  引火性 : 引(끌 인) 火(불 화) 性(성품 성)

08

- 관권 : 국가 기관 또는 관리의 권력.

  예시) 총선 준비 과정에서는 정부 측의 사소한 실수만 나와도 **官權** 개입 의혹으로 번질 수 있다.

  官權 : 官(벼슬 관) **權**(권세 권)

III. 생각하기

 선심(善心) 정치라는 말이 생각납니다. 현직의 정치가나 집권 정당이 유권자의 환심을 사기 위하여 예산을 비롯한 공적 자금을 이용하는 일을 말합니다. 그린벨트 해제를 꺼내는 대통령은 선거를 앞두고 선심 정치를 하고 있습니다.

환경

기후 인플레이션

'브라질에 비가 내리면 스타벅스 주식을 사라'는 주식시장의 격언이 있다. 주요 커피 생산국 브라질에서 가뭄이 끝나고 비가 내리면 커피 생산량이 늘어나 원두 가격이 낮아지면서 스타벅스의 이익이 증가한다는 얘기다. 서로 무관한 상황이 실제로는 밀접한 관계가 있다는 나비효과를 설명할 때도 자주 인용되는 문구다. 미국 도널드 트럼프 전 대통령의 경제책사로 대중국 무역전쟁 선봉에 섰던 피터 나바로가 2000년대 초반 쓴 책의 제목이기도 하다.

점차 현실화하는 기후변화는 이제 나비효과보다 더 직접적이고 즉각적으로 경제에 영향을 미치고 있다. 이창용 한국은행 총재가 지난 12일 금융통화위원회 금리 동결 직후 기자간담회에서 "중앙은행이 제일 곤혹스러운 점은 사과 등 농산물 가격이 높은 것은 기후변화가 많은 영향을 주고 있다는 것"이라고 할 정도다. '금사과'에 이어 대파 등 농산물 가격이 천정부지로 오르며 국내 물가를 자극하고 있지만 통화정책이나 정부재정으로 대응할 수 없다는 하소연이다.

이상기후로 인한 농산물 가격 상승이 한국만의 문제는 아니다. 지난해 영국 BBC가 기후(climate)와 고물가(inflation)의 합성어인 기후플레이션(Climateflation)이라는 신조어를 소개한 바 있다. 올해 들어서도 커피, 설탕, 카카오 등 많은 작물이 극한 기후에 따른 주요 산지의 작황 부진으로 가격이 치솟고 있다. 브라질 가뭄 탓에 아라비카 커피는 최근 뉴욕 선물시장에서 파운드당 2.34달러로 상승해 2022년 9월 이후 최고를 기록했다. 서아프리카에 가뭄으로 초콜릿의 원료인 코코아 선물가격 역시 1년 만에 3배로 급등해 사상 최고를 기록했다.

선진국들은 탄소 배출 저감책은 물론 품종 개발 등에 나서는 등 기후플레이션 대응에 분투하고 있다. 그러나 한국의 관계당국은 수급에만 초점을 맞추고 있는 게 고작이다. 이창용 총재는 "농산물 수입을 통해 근본적으로 해결해야 할지 고민해야 한다"고 했다. 그러나 한국은 이미 쌀 이외 대부분의 농산물을 수입에 의존하면서 리스크가 커질 대로 커

08

진 상태다. '수입만능'의 자유무역 시대가 저물었는데도 관료들의 사고는 '낡은 비교우위론'에 갇혀 있다.

출처 : 2024년 4월 16일, 경향신문(여적)

I. 칼럼 소개

개별 물건의 가격(價格)은 시장에서 수요와 공급의 상호작용(相互作用)에 의해 결정됩니다. 그 작용 요인으로 수요에서는 당해 재화의 가격, 다른 재화의 가격, 소비자의 소득수준, 소비자들의 기호, 인구 규모와 인구구성, 소비자들 사이의 소득분포가 있다면, 공급에서는 당해 재화의 가격, 다른 재화의 가격, 생산요소 가격, 기술수준, 기업의 목표 등이 있습니다.

오늘의 주제는 인플레이션입니다. 인플레이션이란 보통 일반 물가수준(物價水準)이 지속적으로 상승하는 과정으로 정의됩니다. 여기서는 1단락과는 달리 집합적인 개념입니다. 물건값이 오르면 흔히 상인들은 올해 작황(作況)이 나빠서라든지 인건비나 재료값이 올랐기 때문이라는 등의 이야기를 하는 경우가 많습니다. 이것은 물가의 변동요인을 나름대로 설명한 것으로 물가를 변동시키는 원인을 수요 요인과 공급 요인으로 나눌 수 있습니다.

과도한 총수요(總需要)가 물가를 끌어 올려 인플레이션이 발생한다고 보는 견해를 수요견인설이라고 합니다. 주로 수요에 영향을 미치는 요소로는 통화량, 소득, 소비성향 및 인플레이션 기대 심리 등이 있습니다. 그 중에도 통화량은 가장 중요한 요소입니다. 통화량이 늘어나면 시중에 돈이 풍족해져 상품에 대한 수요가 늘어나게 되는데, 이때 만일 공급이 늘어나지 못한다면 통화량 증가는 곧바로 물가상승으로 이어집니다.

주로 공급에 영향을 주는 요소로는 생산기술 및 설비투자, 수출입, 자연조건 등이 있습니다. 생산기술의 진보나 생산설비의 증설은 공급에 영향을 주는 요소로, 원가를 절감시키거나 상품

환경

의 생산량을 증대시켜 물가를 하락시킵니다. 가뭄과 홍수와 같은 자연환경 변화도 농산품 물가 변화의 중요한 원인이며, 수출입 물량의 증감도 국내공급량에 영향을 미쳐 물가변동을 초래합니다. 그밖에 물가를 변동시키는 주요한 공급측 요인으로 비용요인, 근로자의 임금, 환율(換率) 등이 있습니다.

위에서 인플레이션을 수요과 공급의 측면에서 그 원인을 살펴보았다면, 이번에는 인플레이션이 낳는 경제적 효과를 보겠습니다. 예상하지 못한 인플레이션이 일어나면 채무자는 이득을 보고, 채권자는 손해를 봅니다. 이를 부의 재분배(再分配)라고 합니다. 다음으로 소득의 재분배입니다. 인플레이션 발생 시 화폐 소득이 일정한 정액 소득자는 손해를 보고, 화폐소득이 물가상승과 비례하여 오르는 계층은 손해를 면합니다.

기후 인플레이션은 이상기후(異常氣候)로 인플레이션이 발생한다는 뜻입니다. 주로 농산물이 그 대상일 것입니다. 일반 공산품과 달리 농산물은 그 특성상 즉각적으로 시장의 변화에 대응할 수 없습니다. 이런 측면은 아파트도 마찬가지입니다.

오늘의 주제와 관련하여 'Agflation'이 있습니다. 이는 '농업(agriculture)'과 '인플레이션(inflation)'의 합성어로, 농산물 가격의 상승이 전반적인 인플레이션을 야기하는 현상을 말합니다. 이 용어는 특히 농산물 가격이 식품 가격에 큰 비중을 차지하는 국가에서 농산물의 가격 변동성이 소비자 가격 지수(CPI)에 큰 영향을 미칠 때 사용됩니다.

칼럼의 두 번째 단락에 통화정책과 정부재정이라는 표현이 있습니다. 만일 인플레이션과 같이 시장이 불안정할 때 정부는 통화정책과 재정정책으로 개입합니다. 통화정책(화폐금융정책)이란 통화량, 이자율 및 기타 관련 변수의 조정을 통하여 물가안정의 목표를 달성하기 위해 통화당국이 수행하는 정책을 말합니다. 반면 재정정책이란 정부지출과 조세로 시장의 실패를 보정하는 정책입니다.

참고로 Greedflation은 최근 경제 용어로, 기업이 생산비 증가 없이도 제품 가격을 인상하여 비정상적으로 높은 이익을 추구하는 상황을 지칭합니다. 이 용어는 "greed" (탐욕)과 "inflation" (인플레이션)의 합성어로, 특히 팬데믹 기간 동안 논란이 되었습니다. 기업들이 공

08

급망 문제나 원자재 비용 상승을 핑계로 가격을 불필요하게 올릴 때 사용되는 비판적인 용어입니다.

II. 단어 및 한자 익힘

- 책사 : 꾀를 써서 일이 잘 이루어지게 하는 사람.
  예시) 그는 정치권에서 **策士**로 알려져 있다.
  策士 : 策(꾀 책) 士(선비 사)

- 동결하다 : 사업, 계획, 활동 따위를 중단하다.
  예시) 그 대학은 2024년도의 정원을 **凍結했다**.
  凍結 : 凍(얼 동) 結(맺을 결)

- 천정부지 : 천장을 알지 못한다는 뜻으로, 물가 따위가 한없이 오르기만 함을 비유적으로 이르는 말.
  예시) **天井不知**로 솟는 물가 때문에 국민은 고통을 받는다.
  天井不知 : 天(하늘 천) 井(우물 정) 不(아니 불, 부) 知(알 지)

- 작황 : 농작물이 잘되고 못된 상황.
  예시) 올해는 사과 **作況**이 좋지 않아 농부들이 시름에 잠겼다.
  作況 : 作(지을 작) 況(상황 황)

- 선물(futures) : 장래의 일정한 시기에 현품을 넘겨준다는 조건으로 매매 계약을 하는 거래 종목.
  예시) **先物** 계약 거래에 가장 많이 사용되는 상품은 밀, 옥수수, 귀리, 곡물, 호밀 등이다.
  先物 : 先(먼저 선) 物(물건 물)

환경

- 분투 : 있는 힘을 다하여 싸우거나 노력함.
  예시) 장신 선수들을 맞아 잘 싸운 우리 농구팀의 奮鬪에 박수를 보낸다.
  奮鬪 : 奮(떨칠 분) 鬪(싸울 투)

- 수급(1) : 수요와 공급을 아울러 이르는 말.
  예시) 우리 회사는 올해 인력 需給에 막대한 차질을 빚고 있다.
  需給 : 需(쓰일 수) 給(줄 급)
  * 수급(2) : 전쟁에서 베어 얻은 적군의 머리.
  예시) 일본 홋카이도 대학의 창고에서 '진도에서 효수된 한국 동학당 수괴의 首級'이라는 글씨와 함께 유골이 발견되었다.
  首級 : 首(머리 수) 級(등급 급)

III. 생각하기

'agr~'는 라틴어 "ager, agri"에서 유래했으며, "field" 또는 "land"를 의미합니다. 따라서, "agr-"로 시작하는 단어는 주로 농업이나 땅과 관련된 의미를 담고 있습니다. 'agriculture'은 '농업', 'agrarian'은 '농업의', 'agroforestry'은 '임업을 겸한 농업'을 뜻합니다.

신문 사설과
칼럼으로 보는
**2024년의
이슈들 ①**

Chapter 09

국제

193번째 수교국

1990년대 중반 한국의 한 여행객이 쿠바를 방문했을 때 가이드는 김일성대 출신이었다. 북한식 억양이 묻어나는 한국말로 통역했다. 하루는 그가 호텔 방으로 전화해 "피델 카스트로가 호텔에 왔다"며 빨리 내려오라고 했다. 뛰어가 보니 카스트로가 탄 차를 60~70대로 보이는 자원봉사자들이 어슬렁거리며 경호하고 있었다. 삼엄한 것과는 거리가 멀었다. 공산주의 국가지만 북한과는 다른 체제라는 감이 왔다. TV에선 "생필품 가격이 너무 비싸다"며 카스트로를 비판하는 방송이 자주 흘러나왔다.

▶쿠바는 공산당 독재체제에 후진국 중 후진국이지만, 이상한 매력이 있는 나라다. 여행 사이트엔 바닷가 선술집, 물라토(혼혈) 여인들 사진과 '찬란한 매혹 쿠바' '낭만이라는 매력 가득한 여행' 등의 수식어가 넘쳐난다. 아바나에 실재했던 음악 클럽 '부에나 비스타 소셜클럽'은 영화화된 후, 독특한 쿠바 음색을 알리며 전 세계를 관통하는 문화 코드가 됐다. '노인과 바다'로 노벨문학상·퓰리처상을 받은 작가 어니스트 헤밍웨이의 집필실 핑카비히아는 관광객이 즐겨 찾는 명소다.

▶하지만 쿠바의 경제 상황이 좋아지지 않자 외국으로 탈출하는 이들이 늘고 있다. 미국 통계로 2022년 미국에 불법 입국하기 위해 조국을 등진 쿠바인이 25만명이다. 쿠바 인구 2.5%가 한 해에 떠난 것이다. 니카라과가 2021년 쿠바 국민에 대한 무비자 입국 정책을 실시한 것이 쿠바 이탈을 부채질하고 있다. 이전에는 플로리다 해안에 불법 상륙하는 위험을 감수했는데, 이젠 합법적으로 니카라과에 입국 후, 미국·멕시코 국경을 육로로 넘는 이들이 늘었다. 코트라는 "대부분의 탈출자가 젊은층·고학력·기술 보유 고급 인력으로 장기적인 경제성장 잠재력이 우려된다"고 했다.

▶쿠바가 14일 북한과 수교한 지 64년 만에 우리와 외교 관계를 맺은 것은 심화된 경제 위기가 배경이다. 쿠바는 한국의 경제성장을 눈여겨보며 끊임없이 관계 정상화를 저울질해왔다. 쿠바가 2005년 현대중공업의 진출을 허용한 것은 양국 관계가 확대되는 계기였다. 현대중공업이 소규모 패키지형 발전소를 쿠바 전역에 설치할 때 피델 카스트로

국제

가 공사장을 방문, "쿠바도 한국을 빨리 배워야 한다"고 했다. 카스트로는 아예 10페소짜리 지폐에 현대중공업이 수출한 이동식 발전설비(PPS) 도안을 집어넣어 '한국 배우기'를 장려했다.

▶우리 정부는 2015년 '젊음의 쿠바, 한국을 만나다'라는 주제로 쿠바 문화예술 축제를 서울에서 공동 개최하며 수교의 문을 계속 두드렸다. 2022년 쿠바가 핼러윈 참사 때 생각지도 않은 위로 메시지를 보내자 이를 놓치지 않고 193번째 수교국으로 만들었다. 북한의 김정은은 왜 아바나 한복판에 태극기가 휘날리게 됐는지를 생각해봐야 할 것이다.

출처 : 2024년 2월 16일, 조선일보(만물상)

I. 칼럼 소개

미국 맨해튼의 110층짜리 쌍둥이 건물로 납치된 비행기가 돌진하면서 수많은 인명피해가 난 사건을 9·11 테러(terror)라고 부릅니다. 그때가 2001년 9월 11일입니다. 이에 대한 보복(報復)으로 미국과 영국 등 연합군이 이라크를 상대로 이라크 전쟁(2003.3.20~2011.12.18)을 일으킵니다. 그런데 압도적인 전력인 연합국이 생포한 포로를 데려와 심문한 곳은 쿠바의 관타나모(Guantanamo)입니다. 미국과 쿠바는 수교국이 아닌데 관타나모로 데려오다니 궁금증을 자아냈습니다.

오늘의 주제는 쿠바(Cuba)입니다. 섬나라인 쿠바는 미국의 플로리다(Florida)에서 남쪽으로 150km 남짓한 거리에 있습니다. 그러니까 쿠바의 북쪽에 플로리다가 있습니다. 남동쪽으로 가까운 거리에 아이티(Haiti)가 있습니다. 그 사이에서 쿠바의 역사가 전개됩니다. 프랑스 혁명(革命)이 발발하자 아이티의 흑인은 자유와 평화를 위해 독립 전쟁을 전개하여 1804년 라틴아메리카 최초로 독립을 이룹니다. 프랑스의 식민지배를 받았던 아이티가 독립하자 스페인으로서는 사탕수수 재배지인 쿠바를 꼭 지키고 싶었습니다. 당시 스페인의 식민지이지만 쿠바 설탕

09

의 단골인 미국에 쿠바는 경제적으로 더 의존하고 있었습니다. 이 와중에 쿠바에서도 독립의식이 고취되고 이를 스페인이 진압하고 쿠바에 설탕 산업과 관련된 많은 자산을 투자한 미국이 개입하면서 미국과 스페인 사이에 전쟁(1895~1898)이 일어납니다.

쿠바는 1898년 스페인 식민지에서 독립합니다. 식민지배에서 벗어난다고 바로 나라 구실을 할 수는 없음은 역사를 통해 알 수 있습니다. 우리나라가 미 군정을 거쳤듯이 쿠바에서도 미 군정(軍政)이 시작됩니다. 군정은 'military rule'입니다. 군대가 정치를 한다는 뜻입니다. 이 군정에서 미국은 자신의 이익을 챙기느라 열심입니다. 관타나모 항구에 대한 조차권(租借權)을 획득합니다. 이곳이 1단락의 관타나모입니다.

쿠바하면 떠오르는 이방인(異邦人)이 두 명 있습니다. 한 사람은 체 게바라(Che Guevara. 1928~1967), 다른 한 사람은 헤밍웨이(Hemingway. 1899~1961)입니다. 체 게바라는 우리에게도 낯설지 않습니다. 가끔 운동용 셔츠(jersey)나 커피잔에서 체 게바라의 얼굴을 볼 수 있습니다. 아르헨티나(Argentina)에서 의대를 다니던 게바라는 친구와 오토바이로 남미를 여행하던 중 농부와 광부들의 생활고를 목격한 후 가난하고 힘없는 사람을 위해 살기로 마음먹고 혁명(革命)에 뛰어듭니다. 카스트로(Castro) 형제와 쿠바혁명(1959년)을 성공시키고 쿠바의 중앙은행 총재와 산업부 장관의 요직을 거치지만 어느 날 단 한 장의 편지를 남긴 채 다시 혁명의 전선으로 돌아갔습니다. 아프리카 콩고를 거쳐 볼리비아의 혁명을 위해 게릴라 전투를 벌이던 그는 미국 CIA와 볼리비아의 정부군에 생포되어 총살당했습니다. 그때 나이 39세였습니다.

1928년 헤밍웨이는 낚시 여행을 왔다가 쿠바의 매력(魅力)에 빠졌습니다. 1932년 쿠바에 정착한 이후 쿠바혁명으로 미국이 쿠바와 단교(斷交)해 1961년 미국으로 돌아갈 때까지 그는 인생의 절반을 쿠바에서 보냈습니다. 헤밍웨이는 쿠바에서 「누구를 위해 종을 울리나」와 노벨문학상 작품인 「노인과 바다」 등 많은 명작을 남겼습니다. 그는 미국으로 돌아와 6개월 만에 엽총으로 자살합니다. 쿠바에 대한 향수를 잊을 수 없었던 것일까요?

우리는 공산주의(共産主義)라는 말만 들어도 알레르기 반응을 보입니다. 그렇지만 영원한 우방도, 영원한 적도 없다는 국제사회 현실을 깨닫게 되는 이번의 수교였습니다.

국제

Ⅱ. 단어 및 한자 익힘

- 생필품 : 일상생활에 반드시 있어야 할 물품.
  * 생활필수품 : 일상생활에 반드시 있어야 할 물품.
  예시) 우리나라에서 자동차는 **生活必需品**이 될 정도로 사람들에게 보편화되었다.
  生活必需品 : 生(날 생) 活(살 활) 必(반드시 필) 需(쓰일 수) 品(물건 품)

- 음색 : 음을 만드는 구성 요소의 차이로 생기는, 소리의 감각적 특색.
  예시) 그는 우렁차고 굵은 성악가다운 **音色**을 가졌다.
  音色 : 音(소리 음) 色(빛 색)

- 명소 : 경치나 고적, 산물 따위로 널리 알려진 곳.
  예시) 불안한 국제 정세에도 웬만한 해외 **名所**치고 한국 관광객이 북적대지 않는 곳이 없다고 한다.
  名所 : 名(이름 명) 所(바 소)

- 부채질
  ① 부채를 흔들어 바람을 일으키는 일.
  ② 어떤 감정이나 싸움, 상태의 변화 따위를 더욱 부추기는 일을 비유적으로 이르는 말.
  예시) 국내에서도 선의의 경쟁이 이뤄지면서 이들의 성장을 **부채질**했다.

- 코트라(KOTRA) : 무역진흥과 국내외 기업 간의 투자 및 산업·기술 협력의 지원을 통해 국민경제 발전에 이바지할 목적으로 설립된 정부투자기관.

- 도안 : 미술 작품을 만들 때의 형상, 모양, 색채, 배치, 조명 따위에 관하여 생각하고 연구하여 그것을 그림으로 설계하여 나타낸 것.
  예시) 새 지폐 **圖案**은 초상의 주인공이 바뀐 것 외에는 기존 지폐와 똑같았다.
  圖案 : 圖(그림 도) 案(책상 안)

09

- 수교 : 나라와 나라 사이에 교제를 맺음.
  * 단교 : 나라와 나라 사이의 외교 관계를 끊음.
  예시) 2018년 10월 기준으로 우리는 190여 개 나라와 **修交**를 했다.
  修交 : 修(닦을 수) 交(사귈 교) 斷(끊을 단)

- 아바나(Havana) : 쿠바의 수도

Ⅲ. 생각하기

우리가 쿠바와 인연이 전혀 없는 것은 아닙니다. 나라를 잃은 1920년대 일자리를 찾아 멕시코로 이주한 사람들 일부는 쿠바로 이동했습니다. 그들을 한인으로 불렀습니다. 지금 쿠바에 살고 있는 그들을 한인 3세로 부릅니다.

국제

"2009년생부터 평생 담배 못 사" 英 초강력 금연법 논란

올해 15세인 2009년생부터는 평생 담배를 살 수 없도록 한 초강력 금연법이 최근 영국 하원에서 1차 표결을 통과했다. 리시 수낵 총리가 추진한 법인데 여당인 보수당 의원들은 대거 반대하거나 기권하고 야당인 노동당이 압도적으로 찬성했다. 노동당은 "보건 정책의 획기적인 진전"이라고 평가한 반면 보수당에선 "개인 자유를 침해하는, 보수당답지 않은 정책"이란 비판이 거세다. 리즈 트러스 전 총리는 작심 발언을 했다. "국가가 시민의 일거수일투족을 간섭해선 안 된다. 경찰국가를 넘어 유모국가로 가자는 것인가."

▷'비흡연 세대법'이라고 불리는 이 법은 2009년생이 담배 구입 가능 연령(18세)이 되는 2027년부터 허용 연령을 한 살씩 올려 평생 못 사게 막자는 것이다. 흡연자를 처벌하는 건 아니고, 담배를 판 상인에게 벌금을 물리는 방식이다. 영국에서는 무상의료 시스템이 흡연으로 인한 질병을 치료하느라 과부하에 걸리면서 강력한 금연법이 필요하다는 여론이 커져 왔다. 이런 목적으로 쓰이는 예산이 연간 28조 원에 달한다고 한다. 이 돈을 의사 채용과 병상 확충에 쓰면 다른 환자들이 의사를 기다리는 기간을 단축할 수 있어 금연법에 대한 서민들이 지지가 높다.

▷수낵 총리는 술 담배를 하지 않고 일주일에 하루는 금식할 정도로 자기관리에 철저한 정치인으로 알려져 있다. 그가 단지 건강에 대한 소신 때문에 여당의 반대를 무릅쓰고 금연법을 밀어붙이는 건 아니다. 사회복지 축소와 부자 감세 등 반서민 정책을 무리하게 추진하다 영국 역사상 최단기(44일)로 물러난 전임자(트러스 전 총리)의 실책이 그의 결단에 한몫을 했다. 게다가 야당인 노동당(45%)에 대한 국민의 지지율이 보수당(26%)보다 크게 높다 보니 중도·서민층의 지지를 얻으려는 목적도 있어 보인다.

▷이번 금연법이 발효되려면 하원의 최종 표결에 이어 상원까지 통과해야 한다. 작은 정부와 자유방임주의를 표방해온 보수당의 반대가 만만찮아 시행을 장담하긴 이르다. 흡연을 통제하면 담배 암시장이 난립하고, 전자담배 수요만 자극할 것이란 우려도 많다. 뉴질랜드 진보의 아이콘인 저신다 아던 전 총리(노동당)도 같은 내용의 금연법을 추진했

09

지만 지난해 보수당으로 정권이 넘어간 뒤 법이 **폐기**될 위기에 놓였다.

▷"(시가 애호가였던) 윈스턴 처칠 전 총리를 배출한 보수당이 담배를 금지하려 한다니 미친 짓이다." 보리스 존슨 전 총리는 수낵 총리를 저격하며 처칠을 소환했다. 처칠은 "나는 시가를 피우지 않는 사람을 믿을 수 없다. 시가는 생각의 동반자이자 실패의 위로자"란 말을 남길 정도로 **골초**였다. 하지만 그는 오랜 흡연으로 인해 폐질환과 고혈압에 시달리다가 뇌졸중으로 사망했다. 처칠의 경우는 금연법 도입의 필요성을 보여주는 **반증**이기도 하다.

출처 : 2024년 4월 20일, 동아일보(횡설수설)

Ⅰ. 칼럼 소개

언젠가 해외 카지노(casino)에서 도박을 하고 돌아온 연예인에 대한 한 평론가의 발언으로 인터넷이 떠들썩했던 일이 있었습니다. "도박은 남에게 해를 끼치는 '범죄'가 아니라 자기에게 해를 끼치는 '질병'이죠"라며 사과를 해야 한다면 자기 자신에게 해야 한다고 말했습니다. 오늘의 주제는 금연(禁煙)이지만 아주 오랫동안 논쟁(論爭)이 되었던 '나는 나를 파괴할 권리가 있는가'를 생각하게 합니다.

도박을 비롯해서 마약 투약, 음주, 흡연 등 중독 양상을 보이는 행위를 질병으로 분류하는 것은 타당한 분석입니다. 중독자에게 의지력이 부족하다며 비난만 퍼붓는 것은 사태의 본질을 파악하지 못하는 것입니다. 강한 의지력을 가진 사람도 중독에 빠질 수 있습니다. 처벌보다는 치료가 더 필요합니다. 그러나 남에게 피해를 끼치는 행위만 범죄라고 할 수 있는지에 관해서는 좀 더 깊은 생각이 필요하다고 생각합니다.

터부(taboo)를 우리말처럼 쓰곤 합니다. 국어사전에서는 "특정 집단에서 어떤 말이나 행동을 금하거나 꺼리는 것"이라고 정의합니다. 영어사전에서는 "a taboo subject, word, activity etc is one that people avoid because it is extremely offensive or embarrassing"로 풀이하고 있습니다. 중고등학생의 대표적인 터부는 음주와 흡연이 아닐까 생각합니다. 그런데 왜 어른들은 학생들의 음주와 흡연을 금(禁)했을까요? 옛날에는 흡연과 음주의 해악이 과학적으로 증명되지도 않았을 테니 건강에 좋지 않다는 생각은 하지 못했을 텐데 말입니다.

세상사(世上事)에 'all or nothing'은 흔하지 않다고 생각합니다. 즉 흡연, 음주가 절대적으로 나쁘고 유익한 것은 하나도 없다는 뜻은 아닐 것입니다. 40~50년 전, 흡연을 정신적인 비타민 (spiritual vitamin)이라고 어느 학자가 주장하기도 했습니다. 그러나 담배도 술과 마찬가지로 발암물질로 분류되었습니다. 만병의 근원이지만 특히 폐암의 원인으로 규명된 상태입니다. 담배와 항상 같이 다니는 말은 '해롭기만 하고 하나도 이로운 바가 없음을 뜻하는 백해무익(百害無益)'입니다. 우리 헌법은 '환경권'을 규정합니다. "모든 국민은 건강하고 쾌적한 환경에서 생활할 권리를 가지며, 국가와 국민은 환경보전을 위하여 노력하여야 한다"는 헌법 제35조 제1항입니다. 흡연으로 인해 발생하는 간접흡연은 환경권과 배치(背馳)된다고 생각합니다.

"나는 파괴할 권리가 있다"고 프랑스의 작가이자 마약중독자 프랑수아즈 사강(Françoise Sagan)이 외쳤습니다. 단 '남에게 피해를 주지 않는다'는 전제 조건은 있었습니다. 타인에게 피해를 주지 않는 한 스스로 파괴할 권리가 있다는 생각은 논리적으로 보일지는 몰라도, 적어도 우리가 사는 세상에 그대로 적용하기에는 너무나 단순해 보입니다.

'나를 파괴할 수 있는 권리'와 관련하여 많은 이론이 분분한 곳은 주로 도박이나 마약입니다. 그렇지만 백해무익한 담배와 관련해서도 논쟁의 장을 펼칠 수 있을까 싶어 이야기해 보았습니다.

Ⅱ. 단어 및 한자 익힘

- 일거수일투족 : 손 한 번 들고 발 한 번 옮긴다는 뜻으로, 크고 작은 동작 하나하나를 이르는 말.
  예시) 안중근 의사의 **一擧手 一投足**은 모두 조국을 위한 것이었다.
  一擧手 一投足 : 一(하나 일) 擧(들 거) 手(손 수) 投(던질 투) 足(발 족)

- 유모 국가 : 유모처럼 국민을 과보호하려고 하는 복지 국가를 이르는 말.
  * 유모(乳母) : 남의 아이에게 그 어머니 대신 젖을 먹여 주는 여자.
  예시) 부잣집은 **乳母**를 두고 아이를 키우기도 한다.
  乳母 : 乳(젖 유) 母(어미 모)

- 과부하 : 일을 너무 많이 맡은 상태.
  예시) 동료 한 명이 갑자기 그만두는 바람에 **過負荷**가 걸렸다.
  過負荷 : 過(지날 과) 負(짐질 부) 荷(멜 하. 메다)

- 실책 : 잘못된 계책.
  예시) 대통령이 **失策**을 연속적으로 범하더니 결국 탄핵되었다.
  失策 : 失(잃을 실) 策(꾀 책)

- 폐기 : 못 쓰게 된 것을 버림.
  * 폐기물 : 못 쓰게 되어 버리는 물건.
  예시) 우리는 음식 **廢棄物**을 한곳에 모아 버리도록 되어 있다.
  廢棄物 : 廢(폐할 폐, 버릴 폐) 棄(버릴 기) 物(물건 물)

- 골초 : 담배를 많이 피우는 사람을 놀림조로 이르는 말.
  예시) 흡연의 폐해를 아시고부터는 **골草**인 아버지는 금연가가 되셨다.
  골草 : 골草(풀 초)

국제

- 반증 : 어떤 사실이나 주장이 옳지 아니함을 그에 반대되는 근거를 들어 증명함. 또는 그런 증거.
  예시) 우리에겐 그 사실을 뒤집을 만한 反證이 없었다.

  反證 : 反(돌이킬 반) 證(증거 증)

III. 생각하기

지금은 문제가 훨씬 덜하지만 과거에는 가정내 간접흡연(passive smoking 혹은 secondhand smoking)도 문제가 되었습니다. 흡연의 심각성을 인식하지 못할 때였습니다. 대체로 우리나라의 금연정책이 효과를 발휘한다고 국제적인 인정을 받는 마당에 우리도 영국의 강력한 금연정책을 본받으면 어떨까요?

'이슬람 금주 족쇄' 푼 사우디

이슬람 국가 대부분이 율법으로 술을 금지한다. 사우디아라비아는 그중에도 엄격해서 술을 마약과 함께 중범죄로 다룬다. 중동 국가가 모두 사우디 같은 것은 아니다. 두바이는 호텔에서의 음주를 허용하고, 요르단은 '아락'이라는 도수 높은 증류주를 공항 면세점에서 판다. 금주 규정이 들쑥날쑥한 것은 이슬람 경전인 코란 자체가 애매해 저마다 해석이 다르기 때문이다. '믿는 자들이여 술과 도박과 우상 숭배를 피하라'면서 한편으론 '취하는 것이 인간에게 좋은 점도 있지만'처럼 장점을 거론한다.

▶기독교도 술을 금하지는 않는다. 성경에는 결혼식에 참석한 예수가 어머니의 부탁을 받고 물을 포도주로 바꾼 기적이 나온다. 다만 당시 포도주 도수는 4~5도여서 사실상 물에 가까웠다고 한다. 수질이 나쁜 중동에선 고대부터 '포스카'라는 신포도주로 물을 소독해 마셨다는 것이다. 술에 대한 입장도 코란만큼 애매해 잠언에선 '술을 쳐다보지도 말라'고 했다가 시편에선 '마음을 즐겁게 해 주는 하느님의 선물'이라고 했다.

▶개신교가 가톨릭보다 음주에 엄격하다고 알려져 있지만 이는 한국만의 특징이다. 여기엔 역사적 배경이 있다. 개화기 조선 땅을 밟은 선교사들이 조선인들의 무절제한 음주 행태와 그로 인한 폐해를 접한 뒤 음주를 노름·축첩과 함께 악습으로 규정한 것이 이후 전통으로 굳어졌다. 불교 역시 신도가 지켜야 할 도리를 규정한 오계(五戒)는 '술을 마시지 말라'고 돼 있지만 정작 석가모니는 음주는 물론 육식도 완전히 금하지 않고 조건부로 허용했다.

▶사우디가 1952년 술의 제조·판매·음용을 모두 금지한 지 72년 만에 주류 매장을 허용하기로 했다. 비(非)이슬람 외교관만 대상으로 한다지만 큰 변화다. 사우디의 주류 매장 허용은 실권자인 빈 살만 왕세자의 결단이다. 국가 개조 청사진인 '비전 2030' 아래 홍해 자유관광지구 조성, 네옴시티 건설, 여성 운전과 공연장의 남녀 동석 허용 등 잇단 개혁 조치를 추진해 온 그의 작품이라는 것이다.

국제

> ▶사우디의 금주법 도입은 왕자 중 한 명이 만취해 영국 외교관을 사살한 것이 계기였다. 적절히 술을 절제했다면 없었을 사고였다. 주요 종교가 완전한 금주보다 절제를 요구한 이유이기도 하다. 다만 사우디는 너무 극단적으로 막는 바람에 제대로 지켜지지 않았다. 왕실 귀족조차 술을 마시고 싶으면 비행기를 탔고, 처벌 위험을 무릅쓴 술 선물이 신뢰의 증표로도 쓰이는 부작용이 빚어졌다. '지키지 않을 법'의 위선에서 얼마나 자유로운가도 문명의 척도일 것이다.
>
> 출처 : 2024년 1월 27일, 조선일보(만물상)

Ⅰ. 칼럼 소개

"Amendment Ⅰ : Congress shall make no law respecting an establishment of religion, or prohibiting the free exercise thereof; or abridging the freedom of speech, or of the press; or the right of the people peaceably to assemble, and to petition the Government for a redress of grievances." "의회는 종교를 만들거나 자유로운 신앙 활동을 금지하거나, 발언의 자유를 저해하거나, 출판의 자유, 평화로운 집회의 권리, 그리고 정부에 탄원할 수 있는 권리를 제한하는 어떠한 법률도 만들 수 없다."

이상은 미국의 수정헌법 제1조입니다. 세계를 여러 가지 기준으로 분류할 수 있겠지만 종교가 헌법에의 규정 여부를 따져 세속국가와 종교 국가로 나눌 수 있습니다. 종교 국가는 헌법에 종교가 규정되어 있습니다. 이는 국교(國敎)가 있다는 의미일 것입니다. 반면 대부분의 선진국은 세속국가(世俗國家, Secular state)입니다. 헌법에 종교가 규정되어 있지 아니하며 국가가 국민의 종교 생활에 간섭하지 않습니다. 정교분리(政敎分離)라는 표현을 쓰기도 합니다. 국가가 종교적 중립성을 유지하여 정치 권력과 종교를 결부하지 아니함을 의미입니다. 우리나라 역시 헌법 제20조에 "모든 국민은 종교의 자유를 가진다. 국교는 인정되지 아니하며 종교와 정치는 분리된다."라고 명시하여 종교의 자유를 보장하고 있는 세속국가입니다.

　이슬람은 대체로 종교 국가입니다. 이슬람교에는 우리가 알고 있는 종교와는 다른 특징이 몇 가지 있습니다. 첫째, 신앙증언입니다. 즉 "알라 외에는 신이 없고, 무함마드는 알라의 사자임을 증언한다"라는 증언사를 소리 내어 말하는 것입니다. 둘째, 금식(禁食)입니다. 금식은 정신적 훈련이며 사회적 훈련이라는 것입니다. 셋째, 성지순례입니다. 순례자가 종교적 의무를 지키거나 신의 가호와 은총을 구하기 위하여, 성지 또는 본산(本山) 소재지를 차례로 찾아가 참배하는 일입니다.

　이슬람 국가인 사우디아라비아에서 술을 판매한다는 오늘의 내용입니다. 물론 비이슬람 외교관만을 대상으로 한다지만 이를 계기로 자유의 봇물이 터질 수도 있다고 생각합니다. 최근 술을 발암물질로 WHO(세계보건기구)에서 발표했지만, 술에 해악(害惡)만 있지는 않을 것입니다. 그 외에도 이슬람권 여성들의 굴레를 작용하는 것이 머리에 쓰는 베일(veil)입니다. 이슬람권 내에서 베일의 이름도 차드로(Chador), 히잡(Hijab), 니캅(Niqab) 등 다양합니다. 역사적인 연원이야 있겠지만 비이슬람권 사람들에게는 금주와 마찬가지로 그 베일이 불편할 뿐입니다. 인류와 함께 한 술에 대한 제한을 푼다면, 그리고 베일을 벗어던진다면 이슬람에 대한 부정적인 시각이 교정될 수도 있지 않을까 생각해봅니다.

Ⅱ. 단어 및 한자 익힘

- 율법 : 종교적·사회적·도덕적 생활과 행동에 관하여 신의 이름으로 규정한 규범.
  예시) 이슬람 律法이 국민 개개인의 생활에 간섭하는 경우가 많다.
  律法 : 律(법칙 율) 法(법 법)

- 족쇄
  ① 죄인의 발목에 채우던 쇠사슬.
  ② 자유를 구속하는 대상을 비유적으로 이르는 말.
  예시) 강한 가족주의가 되레 서로를 옭아매는 足鎖가 되면서 사회 한편에서 차라리 혼자가 편하다는 심리가 빚어지고 있다.

국제

足鎖 : 足(발 족) 鎖(쇠사슬 쇄)

- 수질 : 물의 성질.
  예시) 오염된 한강의 水質을 개선하기 위해 정부는 노력을 다했다.
  水質 : 水(물 수) 質(바탕 질)

- 잠언 : 가르쳐서 훈계하는 말. '시간은 금이다.', '오늘 할 일을 내일로 미루지 마라.' 따위임.
  예시) 누구에게나 箴言 하나 정도는 있어야 인생의 나침판이 된다.
  箴言 : 箴(경계할 잠) 言(말씀 언)

- 축첩 : 첩을 둠.
  *첩 : 정식 아내 외에 데리고 사는 여자.
  예시) 우리나라에서 부자들의 蓄妾이 낯설지 않던 시절이 있었다.
  蓄妾 : 蓄(모을 축) 妾(첩 첩)

- 악습 : 나쁜 습관.
  예시) 새로운 정부는 전통 사회의 惡習을 타파하기 위해 모든 노력을 경주한다.
  惡習 : 惡(악할 악) 習(익힐 습)

- 오계 : (불교) 속세에 있는 신자(信者)들이 지켜야 할 다섯 가지 계율. (살생하지, 훔치지, 음행(淫行)하지, 거짓말하지, 술 마시지) 말라.
  예시) 신라 화랑(花郎)이 지켜야 할 계율을 世俗五戒라고 불렀다.
  世俗五戒 : 世(인간 세) 俗(풍속 속) 五(다섯 오) 戒(경계할 계)

- 음용 : 마시는 데 씀. 또는 그런 것.
  예시) 이 산에서 흐르는 시냇물은 飮用이 가능하다고 한다.
  飮用 : 飮(마실 음) 用(쓸 용)

Ⅲ. 생각하기

술도 어떻게 마시냐에 따라 약이 되기도, 독이 되기도 할 것입니다. 금주(禁酒)를 푼 사우디가 약의 술로 발전하길 기대해봅니다.

국제

210년 중립국 스웨덴의 나토 가입

스웨덴이 210년 중립국 원칙을 벗어던지고 집단안보체제 나토(북대서양조약기구)에 정식 가입한다. 지난해 4월 튀르키예에 이어 그제 헝가리 의회가 최종 동의함으로써 스웨덴은 32번째 회원국이 되기 위한 행정절차만 남겨놓고 있다. 나토 회원국이 되려면 모든 회원국 동의가 필요하다. 2년 전 러시아가 우크라이나를 침공할 때 "나토의 동진(東進)이 러시아 안보를 위협한다"는 명분을 내걸었는데, 그 침략 전쟁이 중립국까지 나토의 품을 찾게 만들었다.

▷국가 안보에는 세 가지 방법이 존재한다. 강대국과 한편이 되거나(한미동맹), 강대국의 반대편에서 힘을 합치거나(소련에 맞선 나토), "누구도 편들지 않는다"고 선언하고 중립국이 되는 길이다. 현재 스위스 오스트리아 등이 영세중립국이다. 스웨덴과 핀란드는 러시아 침공에 놀란 2년 전 나토 가입을 선언하기 전까지는 스위스처럼 중립국으로 평가받았다. 나폴레옹 전쟁 이후 중립국이 된 스웨덴은 2차대전 때 나치 독일의 침공을 모면하는 등 210년간 전쟁이 없었다. 냉전 붕괴 후에는 육군의 90%를 감축할 정도로 외침 걱정 없이 살았지만, 옛이야기가 됐다.

▷압박을 느낀 러시아 국방부는 모스크바 군관구와 레닌그라드 군관구를 14년 만에 부활시켰다. 그도 그럴 것이, 러시아 해군에 핵심적인 발트해(海)를 나토 8개국이 완벽하게 둘러싸게 됐다. "발트해가 나토해(海)가 됐다"는 평가도 그럴듯하다. 중국도 불만을 감추지 않고 있다. 미국은 지난해 나토 정상회의에 한국 일본 호주 뉴질랜드를 초청했다. 나토를 전체주의에 맞서는 지구적 자유진영 안보체제로 확대하려는 것이 조 바이든 미 대통령의 구상이다.

▷스웨덴 가입 과정은 실리 챙기기 외교의 교과서에 가깝다. 헝가리는 친러·친중 총리가 21개월 동안 가입 동의를 미루며 스웨덴의 애를 태웠다. 44조 원 규모의 유럽연합(EU) 지원금, 러시아의 에너지, 중국의 자본 투자를 모두 챙기려는 속내다. 끝에서 두 번째로 동의해 준 튀르키예도 자국이 원하는 유럽연합 가입을 돕겠다는 약속을 받을 때까

09

지 스웨덴을 괴롭혔다. 미국에서 F-16 전투기 40대 추가 수출 승인을 덤으로 챙겼다.

▷스웨덴 핀란드가 선택한 중립국 지위 포기는 한쪽 편에 서서 뭉쳐야 안심할 수 있는 집단안보의 시대가 도래했음을 보여준다. 또한 "미국 도움 없이 스스로를 지켜야 할 수도 있다"는 유럽의 공포감이 배어 있다. 국내총생산(GDP) 대비 2%도 많다던 나토 회원국들의 국방비는 '2%가 최소치'로 바뀌었다. 오죽했으면 미국의 군사 개입에 비판적이던 프랑스가 "우크라이나 파병도 가능하다"고 나설까. 국가 위상과 국익에 걸맞은 군사적 기여는 거부할 수 없는 흐름이 되고 있다. 어쩌면 지구 반대편 우리에게도 머잖아 닥칠 일일 수도 있다.

출처 : 2024년 2월 28일, 동아일보(횡설수설)

Ⅰ. 칼럼 소개

엄청난 인명 살상(殺傷)과 문명 파괴를 가져온 2차례의 세계대전은 유럽인들에게 커다란 충격이었습니다. 그래서 유럽에서는 더 이상 극단적인 민족주의와 그로 인한 전쟁은 피해야 한다는 생각이 확산되었습니다. 이러한 시대적 상황에서 나온 아이디어가 경제통합을 통한 평화 구축(構築)이었습니다. 전쟁하는 데 중요한 원자재라 할 수 있는 석탄과 철강을 국제적으로 공동 관리하면 전쟁의 위험을 피할 수 있겠다고 하여 유럽석탄철강공동체(ECSC, European Coal and Steel Community)가 탄생했습니다. 이것이 오늘날 유럽연합(EU, European Union)의 발단이었습니다.

제2차 세계대전(世界大戰)이 끝나고 미국은 소련과의 관계가 틀어지고 냉전 대결이 시작되면서 새로운 대외전략이 필요했습니다. 미국은 과거의 적국이었던 일본과 독일을 각각 아시아와 유럽에서 키우고 이들과 연대하여 해당 지역에서 생긴 힘의 공백에 소련이 파고들지 못하도록 막아야 한다고 유럽의 우방국들에게 주장했습니다. 이로써 미국의 전략적 부담은 줄고 소련

국제

의 팽창(膨脹)을 막을 수 있다고 생각했습니다. 이런 전략의 경제적인 측면이 유럽부흥계획인 마셜 플랜(Marshall plan)이라면 안보 측면은 북대서양조약에 근거한 나토(북대서양조약기구, NATO : North Atlantic Treaty Organization)입니다.

북대서양조약은 나토 회원국 어느 한 나라에 대한 외부의 공격은 조약 가입국 전체에 대한 공격으로 간주하여 무력을 포함한 공동대응을 규정하고 있습니다. 그래서 칼럼의 첫째 줄 '집단안보체제(集團安保體制)'라는 말이 나온 것입니다. 북대서양조약 덕분에 미국은 유럽 내 전략적 요충지에 군사기지를 다수 확보하게 되었고 유럽 각국의 군사정책에 대한 개입을 제도적으로 보장받게 되었습니다.

스웨덴이 32번째로 나토 회원국이 된다는 오늘의 주제입니다. 러시아가 우크라이나를 침공한 지 2년만입니다. 유럽 북단의 스칸디나비아반도(Scandinavia Peninsula)에는 서쪽에서부터 노르웨이, 스웨덴, 핀란드가 있습니다. 이 반도는 발트해를 품고 있습니다. 발트해 오른쪽에 발트 3국이라는 에스토니아·라트비아·리투아니아가 있습니다. 핀란드는 러시아와의 국경이 1340km입니다. 북유럽 3국(핀란드는 2023년 나토 가입)과 발트 3국 모두가 나토 회원국이 되면서 나토의 동진(東進)을 막는다는 명분으로 우크라이나를 침공했으나 오히려 스웨덴의 가입을 초래하면서 러시아는 나토에 둘러싸인 꼴이 되었습니다.

참고로 뉴욕타임스가 전하는 스웨덴의 나토가입기사입니다. "After over 200 years of nonalignment Sweden now enjoys the protection granted under Article 5, the ultimate guarantee of allies' freedom and security." 집단안보조항(article)의 5조를 말하고 있고, 중립을 'nonalignment'라고 하는 것을 알 수 있습니다.

II. 단어 및 한자 익힘

- 동진 : 민족이나 부대, 세력 따위가 동쪽으로 나아감.
  예시) 인접한 두 나라의 東進 정책과 西進 정책은 전쟁으로 비화되었다.
  東進 : 東(동녘 동) 進(나아갈 진)

- 명분 : 일을 꾀할 때 내세우는 구실이나 이유 따위.
  예시) 정부는 국민 건강을 지키자는 名分으로 담배가격을 인상했다.
  名分 : 名(이름 명) 分(나눌 분)

- 모면하다 : 어떤 일이나 책임을 꾀를 써서 벗어나다.
  예시) 당장의 위험을 謀免하려고 우리는 거짓말을 하지 않을 수 없었다.
  謀免 : 謀(꾀 모) 免(면할 면)

- 붕괴 : 무너지고 깨어짐.
  예시) 장마철에는 지반이 약한 축대가 崩壞 위험에 있었다.
  崩壞 : 崩(무너질 붕) 壞(무너질 괴)

- 전체주의(全體主義) : 개인의 모든 활동은 민족·국가와 같은 전체의 존립과 발전을 위하여서만 존재한다는 이념 아래 개인의 자유를 억압하는 사상. 이탈리아의 파시즘과 독일의 나치즘이 대표적임.
  全體主義 : 全(온전할 전) 體(몸 체) 主(주인 주) 義(옳을 의)

- 실리 : 실제로 얻는 이익.
  예시) 친구 사이에서는 實利를 추구해서는 안 된다.
  實利 : 實(열매 실) 利(이로울 리)

- 파병 : 군대를 파견함.
  예시) 미국의 派兵 요청으로 우리나라는 베트남전에 참전하지 않을 수 없었다.

국제

派兵 : 派(갈래 파) 兵(병사 병)

- 머잖아 : 머지않아. 가까운 장래(將來)에. 또는 오래지 않아.
  * 조만간 : 앞으로 곧.
  예시) **早晚間** 할아버지 댁을 찾아뵙겠다고 약속했다.
  早晚間 : 早(이를 조) 晩(늦을 만) 間(사이 간)

III. 생각하기

　바르샤바 조약기구(Warsaw Pact)라는 것이 있었습니다. 이 기구는 소련과 동유럽의 사회주의 국가들 간의 군사적, 정치적 동맹을 목적으로 하였으며, 냉전 시기에 서방의 북대서양 조약기구(NATO)에 대응하기 위해 설립되었습니다. 물론 지금은 소련이 해체되면서 바르샤바 조약기구도 없어졌습니다.

신문 사설과
칼럼으로 보는
**2024년의
이슈들 ①**

Chapter 10
기타

10

경기 분도(分道)

　최근 한동훈 국민의힘 비대위원장이 "서울 편입도, 경기 분도도 주민 뜻을 존중해 모두 적극적으로 추진하겠다"고 밝히면서 잠잠하던 행정구역 개편 논의가 새로운 국면을 맞고 있다. 김포시 등의 서울 편입은 김기현 전 대표 시절 여당이 **당론**으로 추진하겠다고 하면서 **메가시티** 논란을 일으킨 뜨거운 감자였으나 당 안팎의 비판에 주춤해진 상황이었다. 반면 경기북부특별자치도 설치는 더불어민주당 소속인 김동연 경기지사의 **역점** 사업이다.

　김 경기지사는 한 위원장의 발언에 대해 "지금 일부 시의 서울 편입 문제는 이미 국민적 판단이 끝난 상황"이라며 서울 편입론은 **일축**하고 "주민투표부터 빨리 실천에 옮겨서 우리가 하고자 하는 이 일에 힘을 실어 줘야 할 것"이라며 경기 분도화에는 관심을 보였다. 4월 총선을 앞두고 한 비대위원장과 **대립각**을 세우려는 이준석 개혁신당 대표는 '뜨거운 아이스아메리카노, 둥근 사각형과 같은 모순으로 **귀결**될 수밖에 없다"고 경계한다.

　경기 분도 논의의 역사는 깊다. 휴전선과 인접한 북부 지역의 경우 남부에 비해 지역개발이 제한받으면서 **분도** 요구가 1980년대 말부터 끊이지 않았다. 1992년 대선 때에는 김영삼, 김대중 후보가 모두 분도를 공약으로 내세웠을 정도다. 정부에서도 1995년 지방자치제의 본격 실시를 앞두고 행정구역 개편을 추진하면서 분도를 논의했으나 정치권 **이견**으로 없던 일이 됐다. 경찰은 2016년 경기북부지방경찰청과 경기남부지방경찰청으로 나뉜 상태다.

　행정구역 개편은 인구나 산업구조 등 행정환경 변화에 대처하는 일이다. 잘하면 주민 복리증진과 국가경쟁력 제고에 도움이 된다. 하지만 최근 행정구역 개편은 근본적 체제 개편보다는 임시처방 위주로 이뤄지고 있다. 세종특별자치시와 제주·강원·전북특별자치도에 인구 100만명 이상인 수원·고양·용인·창원 등은 일반시에서 특례시가 됐다. 모두 행정적·재정적으로 중앙정부로부터 특별대우를 받는다.

기타

> 인구 소멸 위기에다 디지털 정보통신기술의 발달로 주민수와 공간 중심의 행정구역 체제가 맞는지 논의해야 한다. 경기 분도 논쟁이 바람직한 행정구역 개편 논의의 **촉매**가 되기를 바라 본다.
>
> 출처 : 2024년 2월 5일, 서울신문(씨줄날줄)

I. 칼럼 소개

한반도는 압록강(鴨綠江)을 경계로 중국과 맞대고 있습니다. 전라남도와 경상남도 사이는 섬진강이, 전라북도와 충청남도 사이에는 금강이 흐릅니다. 이렇게 산이나 강과 같은 자연이 지역을 구분 짓습니다. 그 구분된 지역에서는 오랜 세월 동안 그 지역의 문화도 만들어졌고, 특유의 방언(方言)도 생겼습니다. 이렇게 그 지역만의 동질성을 바탕으로 애향심도 생긴다고 볼 수 있습니다.

한반도가 강대국에 의해 분할되어 남북한으로 구분될 때(1945년)는 북위(北緯) 38도가 그 기준이었습니다. 지역의 특성과 국민의 의사가 깡그리 무시된 채 탁상에서 미국과 소련(러시아의 전신) 관리가 지도에 임의로 그은 직선이었습니다. 이때는 개성이 남한에 소속되었습니다. 그 후 3년간의 한국전쟁이 낳은 휴전선이 지금 남북한의 국경이 되었습니다. 마치 뱀이 기어가는 듯한 휴전선은 당시 남북한의 치열한 전황(戰況)을 반영합니다.

세계지도에서 아프리카를 보면 나라들 사이의 국경이 일직선인 경우가 많습니다. 분명히 산이나 강과 같은 자연이 국경 역할을 했을 것인데, 식민지시대의 제국들이 임의로 국경을 만들어 입맛대로 국경선을 그었기 때문입니다. 당사자들의 이해는 전혀 반영하지 않고 자신들의 이익을 우선하여 적용한 국경선입니다. 강대국의 횡포 외에는 설명할 방법이 없습니다.

우리나라 국민의 서울 사랑은 유명합니다. 실학자 정약용마저 유배지에서 아들에게 보낸 편

10

지에 서울에서 멀리 떨어져 있지 말라고 당부합니다. 얼마 전 경기도의 김포를 서울로 편입하겠다고 여당이 발표했습니다. 견강부회(牽强附會)라도 해야 하는 강박관념은 선거가 얼마 남지 않은 시점에 득표에 유리하다고 계산을 했을 것입니다. 서울의 과밀화를 걱정하고, 지방자치를 강조하는 시대에 이는 어불성설(語不成說)입니다. 그렇다면 전국을 서울시로 편입하여 예를 들어 '서울특별시 제주구'로 하면 어떨까? 라는 우스갯소리도 나오고 있습니다.

'수도권'이라 함은 서울특별시, 인천광역시 그리고 경기도 일원입니다. 오늘의 주제는 수도권의 일원인 경기도의 분도(分道)입니다. 경기도를 '경기북도'와 '경기남도'로 나누자는 의견입니다. 분도의 이유는 방대한 지역적 범위, 인구 규모, 경제적 활동의 다양성, 그리고 지역 간 발전 격차 등에 기인합니다. 그뿐만 아니라 경기도는 대한민국에서 가장 인구가 많은 지방자치단체로, 서울특별시와 인접해 있으며, 다양한 경제적 활동과 문화적 특성을 가진 지역들로 구성되어 있습니다. 그래서 행정 효율성 증대, 균형있는 지역 발전, 지역간 격차 해소 차원에서 경기도를 나누고자 하는 것입니다. 다만 여기서 이의 타당성을 논하고자 함은 아닙니다. 다만 나랏일에 백년대계(百年大計)가 아닌 것이 어디 있겠습니까마는 선거를 앞두고 표만을 의식하여 근시안적으로 나랏일이 결정되어서는 아니 된다는 생각입니다.

II. 단어 및 한자 익힘

- 당론 : 정당의 의견이나 논의.
  예시) 여성의 군 복무와 관련하여 여당의 黨論이 확정된 것은 없다.
  黨論 : 黨(무리 당) 論(논할 논)

- 메가시티(megacity) : a very large city, typically one with a population of over ten million people.

- 역점 : 심혈을 기울이거나 쏟는 점.
  예시) 문재인 정부는 대북 화해에 力點을 두었다.

기타

力點 : 力(힘 역) 點(점 점)

- 일축
    ① 제안이나 부탁 따위를 단번에 거절하거나 물리치다.
    ② 소문이나 의혹, 주장 따위를 단호하게 부인하거나 더 이상 거론하지 않다.
    예시) 회사 측은 일보의 여지가 없다는 듯 그 요구를 一蹴해 버렸다.
    一蹴 : 一(하나 일) 蹴(발로 차다 축)

- 대립각 : 의견이나 처지, 속성 따위가 서로 반대되거나 모순되어 생긴 감정을 비유하여 이르는 말.
    예시) 친구와 나는 지지 정당에서 서로 對立角을 세웠다.
    對立角 : 對(대할 대) 立(설 립) 角(뿔 각)

- 귀결 : 어떤 결말이나 결과에 이름. 또는 그 결말이나 결과.
    예시) 고향을 떠나 도시로 나가 직업을 찾자는 자연스러운 歸結이었다.
    歸結 : 歸(돌아갈 귀) 結(맺을 결)

- 이견 : 어떠한 의견에 대한 다른 의견. 또는 서로 다른 의견.
    예시) 양편의 異見을 좁히지 못해서 협상이 결렬되었다.
    異見 : 異(다를 이) 見(볼 견)

- 촉매 : 어떤 일을 유도하거나 변화시키는 일 따위를 비유적으로 이르는 말.
    예시) 그들의 첫 승은 또 다른 결의를 다지는 觸媒가 되었다.
    觸媒 : 觸(닿을 촉) 媒(중매 매)

III. 생각하기

　지역은 동질성(同質性)이 전제됩니다. 물론 규모가 작을수록 동질성이 높겠지만요. 그런 차원에서 경기도를 구성하는 지역들의 이질성은 너무나 높지 않을까 싶습니다. 경기 분도를 주장하는 의견은 동질성 차원에서 이해가 됩니다.

기타

'소박한 자유인' 홍세화

홍세화(1947~2024)를 세상에 알린 〈나는 빠리의 택시 운전사〉(1995)에서 개똥 세 개 이야기를 처음 접했을 때 솔직히 그렇게 와닿지는 않았다. 그가 세상을 떠난 지금 그 의미를 알 것도 같다.

이야기는 그가 어린 시절 외할아버지에게 들은 일화에서 비롯됐다. 서당 선생이 3형제에게 장래희망을 묻는다. 서당 선생은 '정승'이 되겠다는 맏이, '장군'이 되겠다는 둘째를 칭찬하며 막내를 쳐다본다. 막내는 장래희망을 말하는 대신 '저보다 글 읽기를 싫어하는 큰형에게 개똥 세 개 중 하나를, 저보다 겁이 많은 둘째 형에게 개똥 하나를 입에 넣어 주고 싶다'고 한다. 마지막 개똥은? '당연히 서당 선생에게'라고 답한다. 할아버지는 '살아가며 세 번째 개똥이 서당 선생 몫이란 말을 하지 못하게 될 때, 그때는 네가 그 세번째 똥을 먹어야 한다'고 했고, 어린 홍세화는 수긍했다.

군사독재 박해를 피해 프랑스에 망명했다가 23년 만에 고국 땅을 밟았을 때 그는 55세였다. 요즘 기준으로 '서오남'이었지만 그가 발 디딘 곳은 전혀 달랐다. '다름을 차별과 억압의 근거로 삼아선 안 된다'는 다소 온건한 얘기를 하던 그의 목소리는 갈수록 급진화됐다. 많은 이들이 돈의 노예가 됐고 가지지 못한 이들의 비참함이 극에 달한 한국 현실을 겪으면서. 그는 언론인으로 몸담으며 작년까지 글을 썼던 한겨레를 향해 '프티부르주아 신문'이란 쓴소리도 주저하지 않았다. 말에 그치지 않았다. 징역형보다 가벼운 벌금형을 선고받고도 가난하기 때문에 다시 교도소에 갇히는 사람들과 연대하고 그 부조리함을 고발하고자 장발장은행을 만들기도 했다.

홍세화는 부단한 저술·번역과 활동을 통해 불온한 사상을 퍼뜨리며 기성체제와 불화하고, 동시에 약자와 연대하는 삶을 살았다. 그가 '가장자리'를 자처하며 어려운 길만 걸었던 건, 자신이 난민과 이주노동자로서 살았던 경험을 잊지 않았기 때문일 것이다. 그리고 저승에서 "할아버지, 그래도 개똥을 적게 먹으려고 무척 애썼어요"라고 말하려고 노력했기 때문일 것이다. 그가 공부하며 말과 행동을 일치시키려 했던 학습협동조합 이름처럼 '소박한 자유인'이었던 홍 선생님, 이제 편히 잠드시길.

출처 : 2024년 4월 23일, 경향신문(여적)

민중의 벗, 신경림

시인 신경림은 알아주는 주당이었다. 서울 길음동 집으로 곧장 가지 못하고 단골 선술집에 들르는 날이 많았다. 시인은 그 술집 주인의 딸을 위해 두 편의 시를 지었는데, 사연이 있다. 당시 연인이 지명수배를 당해 희망이 없다는 술집 딸의 얘기를 듣고, "결혼하라"고 부추겼다고 한다. 결혼식 주례까지 선 그는 주례사는 1분 만에 끝내고, '너희 사랑'이란 축시를 읽었다. 그 흥에 나중에 덤으로 쓴 시가 '가난한 사랑 노래'이다. 이 시는 중학교 교과서에도 실렸다. "가난하다고 해서 사랑을 모르겠는가"라는 시구는 언제 읽어도 콧등을 찡하게 한다.

신 시인이 문단에 이름을 알린 건 1956년 동국대 영문과 시절 '낮달' 등을 문학예술지에 실으면서다. 그러나 절필하고 각지를 떠돌며 광부·공사장 잡부·영어학원 강사 등을 하며 지냈다. 김관식 시인의 손에 이끌려 서울로 거처를 옮기기까지 10년간의 체험이 그가 '민중시인'으로 서는 밑거름이 된 셈이다.

그는 서른일곱에야 첫 시집 〈농무〉(1973년)를 자비로 출간했다. 시집은 입소문이 나면서 무섭게 팔려 나갔고, 창작과비평사는 이 시집을 창비시선 1호로 출간했다. 당시 〈농무〉는 1만부 이상 팔렸다. 경향신문은 "서정주 시집이나 소월 시집 이후 최대의 판매고를 올렸다. 시인이 계를 들어 자비로 시집을 내던 종전에 비하면 이 같은 현상은 기적"이라고 썼다(1976년 12월2일자). 〈농무〉는 한국 현대시사에서 민중시의 지평을 연 시집으로 평가받는다.

시인은 시 힘을 빌려 세상을 바꾸고 싶어 했다. 1975년 평론가 백낙청 등과 자유실천문인협의회를 세웠고, 1980년 '김대중 내란음모 사건'에 연루돼 옥고를 치렀다. 문학과 삶을 일치시키려 애썼던 그는 세상 현안에도 끊임없이 목소리를 냈다.

그랬던 시인이 그제 별이 되어 하늘에 올랐다. 시인은 '가난한 노동자와 농민이 잘살고 그 아들딸들이 마음 놓고 잘사는 나라'가 수록된 어린이 잡지 '별나라'를 좋아했다고

기타

> 한다. '별나라'가 아닌 세상에서 '이웃'을 위해 우리는 어떤 사랑의 노래를 부를 수 있을까. 윤석열 대통령의 '민생'이라는 <u>호명</u> 속에는 '가난'이 읽히지 않아 씁쓸하다. "징이 울린다 막이 내렸다"('농무')
>
> 출처 : 2024년 5월 24일, 경향신문(여적)

I. 칼럼 소개

인류의 역사에서 수많은 사람이 명멸(明滅)했습니다. 그 많은 사람 중에는 자기가 속한 공동체의 발전을 위해 뚜렷한 족적을 남긴 사람이 있는가 하면, 그저 일신의 영달에만 급급한 사람도 있습니다. 물론 전자와 같은 사람의 정신을 기리려고 노력하는 반면, 후자와 같은 장삼이사(張三李四)는 잊히게 마련입니다.

홍세화님이 영면(永眠)에 드셨습니다. 그분의 책 ≪생각의 좌표≫ 맨 앞에 나오는 글귀입니다.

> 내 생각은?
> 내 생각은 어떻게 내 것이 되었을까? 사람이 '생각하는 동물'임을 모르는 이는 없다. 그런데 '지금 내가 생각하는 바'들이 어떻게 내 것이 되었는지 묻는 사람은 많지 않다. '내가 지금 갖고 있는 의식세계'는 내가 태어났을 땐 분명 비어있었고 '내가 지금 생각하는 바'들도 내가 태어났을 때 없던 것들이다. 각자 살아가면서 생각을 형성했고 의식세계를 채웠다. 우리는 스스로 자유롭게 생각하는 존재인 양 착각하기도 하지만, 일찍이 칸트가 지적했듯이 '생각하는 바에 관해서는 자유롭지 못한 존재'들이다. 나 또한 생각하는 존재이긴 하나 '지금 내가 생각하는 바'에 관해 자유로운 존재는 아닌데, 그럼에도 '내가 지금 생각하는 바'에 따라 살아간다. 따라서 '지금 내가 생각하는 바가 어떻게 형성되었는지'에 대한 물음은 자기성찰의 출발점이다.

10

또 다른 책 ≪나는 파리의 택시 운전사≫에 나오는 프랑스 사회의 똘레랑스에 관한 글귀입니다.

똘레랑스란 첫째로, '다른 사람이 생각하고 행동하는 방식의 자유 및 다른 사람의 정치적·종교적 의견의 자유에 대한 존중'을 뜻합니다. 이 뜻은 내가 임의로 규정하여 말한 것이 아닙니다. 프랑스말 사전이 밝힌 똘레랑스의 첫 번째 뜻을 그대로 옮긴 것입니다.

"존중하시오. 그리하여 존중하게 하시오" 이렇게 적혀있는 팻말이 공원의 잔디밭에 서 있는 것을 당신은 자주 목격할 수 있을 것입니다. 잔디밭에 들어가지 말라는 요구를 점잖게 표현한 것인데, 잔디밭을 존중하여 스스로 존중받으라는 말이지요. 똘레랑스는 바로 이 팻말과 똑같은 요구를 담고 있습니다. 즉 "(남을) 존중하시오. 그리하여 (남으로 하여금 당신을) 존중하게 하시오"라는.

농무(農舞)

징이 울린다 막이 내렸다
오동나무에 전등이 매어달린 가설무대
구경꾼이 돌아가고 난 텅 빈 운동장
우리는 분이 얼룩진 얼굴로
학교 앞 소줏집에 몰려 술을 마신다
답답하고 고달프게 사는 것이 원통하다
꽹과리를 앞장세워 장거리로 나서면
따라붙어 악을 쓰는 건 쪼무래기들뿐
처녀애들은 기름집 담벼락에 붙어 서서
철없이 킬킬대는구나
보름달은 밝아 어떤 녀석은
꺽정이처럼 울부짖고 또 어떤 녀석은
서림이처럼 해해대지만 이까짓
산구석에 처박혀 발버둥친들 무엇하랴

기타

비료값도 안 나오는 농사 따위야
아예 여편네에게나 맡겨 두고
쇠전을 거쳐 도수장 앞에 와 돌 때
우리는 점점 신명이 난다
한 다리를 들고 날라리를 불거나
고갯짓을 하고 어깨를 흔들거나

　농무는 두렛일을 하며 두레패(농사일을 서로 협력하고 공동 작업을 하기 위하여 만든 조직체. 또는 그 조직원)들과 함께 놀아야 하는 농악과 춤입니다. 그러니 본래의 무대는 논두렁이나 밭두렁이어야 마땅합니다. 그러나 이 시에서 농무는 운동장의 가설무대에서 분을 바르고 구경꾼들을 위한 볼거리로 전락해 있습니다. 산업화와 도시화로 비어 가고 쇠락해 가는 농촌 현실을 단적으로 보여줍니다. 술과 노름, 빚과 주정. 싸움과 울음만 늘어나는 농촌의 현실이 답답하고 고달프고 원통해서 농투성이('농부를 낮잡아 부르는 말')인 '우리'는 소주를 마십니다. 술잔이 돌고 술기운 취해서 걸립패의 후예인 '우리'는 보름달 아래 꽹과리를 앞장세워 장거리('장'이 서는 거리)에 나섭니다.

　농무의 시인 신경림님이 돌아가셨습니다. 농무는 1974년에 발표되었습니다. 돈만 아는 세상에서 농촌은 돈과 거리가 가장 먼 곳이 되었습니다. 농자천하지대본(農者天下之大本)의 사상으로 물든 그에게 농촌이 쓰러져가는 현실이 견딜 수 없었을 것입니다. 농무에서 '우리'는 자주 등장합니다. '우리'라는 말에는 내가 들어 있고, 네가 들어있습니다. 신경림 시인은 '우리'라는 시어를 시와 현실속에서 말뚝처럼 세워 놓은 시인으로 알려져 있습니다. 그의 명복을 빕니다.

II. 단어 및 한자 익힘

- 일화 : 세상에 널리 알려지지 아니한 흥미 있는 이야기.
  예시) 아버지는 군대 생활할 당시의 숨은 逸話를 공개하셨다.
  逸話 : 逸(편안할 일) 話(말씀 화)

10

- 수긍 : 옳다고 인정함.
  예시) 설명 듣고 난 그는 첫마디부터 대체로 그녀의 의견을 首肯한 편이었다.
  首肯 : 首(머리 수) 肯(옳게 여기다 긍)

- 박해 : 못살게 굴어서 해롭게 함.
  예시) 가톨릭이 이 땅에 발붙이기 시작한 초창기에 얼마나 심한 迫害를 받았는지는 이미 널리 알려진 사실이다.
  迫害 : 迫(핍박할 박) 害(해할 해)

- 프티부르주아(petit bourgeois) : 노동자와 자본가의 중간 계급에 속하는 소상인, 수공업자, 하급 봉급생활자, 하급 공무원 따위를 통틀어 이르는 말.

- 쓴소리 : 듣기에는 거슬리나 도움이 되는 말.
  예시) 경제를 살리자는 의견이 대세이기에 그 교수의 견해는 현실에선 인기가 없는 일종의 '쓴소리'에 해당한다.

- 불온 : 사상이나 태도 따위가 통치 권력이나 체제에 순응하지 않고 맞서는 성질이 있음.
  예시) 독재시대에는 사상이 不穩하다는 이유로 많은 사람을 구속시켰다.
  不穩 : 不(아니 불) 穩(편안할 온)

- 주당 : 술을 즐기고 잘 마시는 무리.
  예시) 술집에는 酒黨들이 모여 시끄럽게 떠들고 있었다.
  酒黨 : 酒(술 주) 黨(무리 당)

- 절필하다 : 붓을 놓고 다시는 글을 쓰지 아니하다.
  예시) 그녀는 단 한 권의 소설을 쓰고 絶筆했으나 권위 있는 문학상까지 탔다.
  絶筆 : 絶(끊을 절) 筆(붓 필)

기타

- 자비 : 필요한 비용을 자기가 부담하는 것. 또는 그 비용.
  예시) 형은 미국으로 自費 유학을 떠났다.
  自費 : 自(스스로 자) 費(비용 비)

- 지평 : 사물의 전망이나 가능성 따위를 비유적으로 이르는 말.
  예시) 그의 논문은 유전 공학의 새 地平을 열었다.
  地平 : 地(땅 지) 平(평평할 평)

- 연루 : 남이 저지른 범죄에 연관됨.
  예시) 그는 폭력 사건 連累 혐의를 극구 부인하였다.
  連累 : 連(잇닿을 연) 累(여러 루)

- 호명 : 이름을 부름.
  예시) 선생님은 학생들을 하나하나 呼名하셨다.
  呼名 : 呼(부를 호) 名(이름 명)

III. 생각하기

가난한 사랑 노래

가난하다고 해서 외로움을 모르겠는가
너와 헤어져 돌아오는
눈 쌓인 골목길에 새파랗게 달빛이 쏟아지는데
가난하다고 해서 두려움이 없겠는가
두 점을 치는 소리
방범대원의 호각 소리 메밀묵 사려 소리에

10

눈을 뜨면 멀리 육중한 기계 굴러가는 소리
가난하다고 해서 그리움을 버렸겠는가
어머님 보고 싶소 수없이 뇌어 보지만
집 뒤 감나무에서 까치밥으로 하나 남았을
새빨간 감 바람 소리도 그려 보지만

가난하다고 해서 사랑을 모르겠는가
내 볼에 와 닿던 네 입술의 뜨거움
사랑한다고 사랑한다고 속삭이던 네 숨결
돌아서는 내 등 뒤에 터지던 네 울음
가난하다고 해서 왜 모르겠는가,
가난하기 때문에 이것들을
이 모든 것들을 버려야 한다는 것을.

신경림

기타

'1조3800억 재산분할+20억 위자료'… 한국 역대 최대 이혼

　최태원 SK그룹 회장과 노소영 아트센터 나비 관장의 이혼소송 2심에서 최 회장이 재산 1조3800억 원을 노 관장에게 나눠주고, 위자료 20억 원도 지급해야 한다는 판결이 나왔다. 최 회장과 노 관장의 합계 재산을 총 4조 원으로 보고 재산 형성 기여도 등을 반영해 각각 65%, 35%로 나누라는 게 판결의 핵심이다. 그대로 확정될 경우 한국의 이혼소송 사상 역대 최대의 재산 분할이 된다.

　▷서울고등법원 가사2부가 어제 판결한 재산 분할액, 위자료는 1심보다 20배나 많다. 1심 판결은 재산 분할 665억 원, 위자료 1억 원이었다. 재산 분할액이 급증한 이유는 나눌 재산의 범위가 확대됐기 때문이다. 1심은 최 회장이 보유한 그룹 지주회사 SK㈜ 지분은 분할 대상이 아니라고 봤는데 2심에서 뒤집혔다. 다만 지급은 지분이 아닌 현금으로 하도록 했다.

　▷최 회장 보유 SK㈜ 주식의 성격을 어떻게 볼 것이냐가 이번 소송의 최대 쟁점이다. 1심은 이 지분이 부친인 고 최종현 선대회장으로부터 최 회장이 증여·상속받은 '특유재산'이어서 나눌 필요가 없다고 판결했다. 하지만 2심은 노 관장 측의 주장을 받아들여 "노 관장 부친인 고 노태우 전 대통령이 보호막, 방패막이 역할을 하며 SK그룹의 성공적 경영 활동에 무형적 도움을 줬다"고 판단했다.

　▷2015년 혼외자의 존재를 공개하면서 이혼 의사를 밝힌 최 회장은 2018년 2월 이혼소송을 제기했다. 당초 이혼에 반대하던 노 관장은 2019년 말 이혼을 받아들이는 대신 최 회장 보유 SK㈜ 지분의 절반과 위자료 3억 원을 요구했다. 노 관장 측은 1심에서 패소한 뒤 주식 대신 현금 2조 원과 위자료 30억 원으로 조건을 바꿨다.

　▷2심 재판부는 위자료를 20억 원으로 높이면서 "혼인 파탄의 정신적 고통을 보상하기에 1억 원은 너무 적다"고 했다. 근거로 최 회장이 노 관장과 별거 후 김희영 티앤씨재단 이사장과 관계 유지 등에 219억 원 이상을 지출한 점을 들었다. 재판부는 "최 회장이

10

> 소송 과정에서 **부정행위**에 대해 진심으로 반성하는 모습을 보이지 않고, 일부일처제를 전혀 존중하지 않는 태도를 보이고 있다"고 지적했다.
>
> ▷사상 초유의 이혼 비용을 어떻게 마련할 건지가 관심사다. 최 회장은 SK㈜ 지분 17.7%와 **비상장** 계열사인 SK실트론 29.4% 등 2조 원어치가 넘는 주식을 갖고 있다. 현금 1조3800억 원을 마련하려고 일부 지분을 처분할 경우 그룹 지배구조에 구멍이 생길 우려가 있다. 어제 SK㈜ 주식은 경영권 분쟁 가능성 때문에 급등했다. 최 회장 측은 판결에 불복해 대법원에 상고할 뜻을 밝혔다. 대기업 총수의 이혼소송이 한국 재계 2위 그룹의 미래를 흔들고 있다.
>
> 출처 : 2024년 5월 31일, 동아일보(횡설수설)

Ⅰ. 칼럼 소개

'세기(世紀)의' 이혼 판결이라고 합니다. '세기(世紀)의'는 ('세기의' 꼴로 쓰여)'백 년 동안에 한 번밖에 없거나, 또는 그 백 년 동안을 대표할 만큼 중요하거나 뛰어남'을 이르는 말입니다. 이와 비슷한 '세기말(世紀末)'도 있습니다. '한 세기의 끝' 또는 '사회의 몰락으로 사상이나 도덕, 질서 따위가 혼란에 빠지고 퇴폐적, 향락적인 분위기로 되는 시기'를 말합니다.

최태원과 노소영은 1988년 '세기의 결혼'으로 부부의 연을 맺었습니다. 최고의 권력자인 노태우 대통령과 재벌(선경그룹의 최종현)과의 혼맥(婚脈)이었습니다. 혼맥은 '혼인을 통하여 이루어진 유대 관계'를 말합니다. 사랑에 국경이 없듯, 그들의 결혼을 질시할 필요는 없었을 것입니다. 그러나 그들의 이혼에 대해서는 많은 사람의 입방아에 오르내리는 형국이 되었습니다.

일반 국민은 상상하기 힘든 재산분할액과 위자료(慰藉料) 때문입니다. 이혼 판결문에서 "1991년 노소영 아트센터 나비 관장의 부친 고 노태우 전 대통령 측으로부터 최대원 SK그룹 회

기타

장의 부친 고 최종현 SK그룹 선대회장 측에 상당한 규모의 자금이 유입된 것으로 보인다."했습니다. 이 판결문은 노태우 대통령의 비자금을 소환했습니다. 비자금(秘資金)은 '세금 추적을 할 수 없도록 특별히 관리하여 둔 돈을 통틀어 이르는 말'입니다. 한 마디로 정직하지 못한 돈이라는 뜻입니다. 떳떳하지 못한 돈이라는 의미입니다. 대한민국 현대사의 어두운 측면입니다. 이 사건으로 노태우 대통령은 감옥에 가기도 했습니다. 더러운 돈으로 호의호식(好衣好食)했을 이들의 소식을 접한 국민은 씁쓸한 심정입니다.

돈의 역할이 결정적인 시대에 살고 있습니다. 영어 속담에 'Money talks'라는 표현이 있습니다. 'People with money have power and can get what they want'라고 풀이합니다. 그러나 재벌(財閥)도 이혼하는 상황에서 돈이 행복한 삶의 충분조건은 아닌 듯합니다.

최태원 회장은 공공연히 사실혼 관계의 여자와 공식행사에 등장했습니다. 우리나라는 일부일처(一夫一妻)의 결혼제도를 유지하고 있습니다. 이혼도 되지 않은 상황에서 사실혼 부인을 대동(帶同)하고 많은 사람 앞에 선다는 것으로 최태원 회장의 일그러진 도덕성 일면을 볼 수 있습니다. 아마도 돈의 위력인 것 같습니다.

이 재판은 죄를 판단하는 형사재판이 아닙니다. 가사 분쟁에 관한 재판입니다. 판사는 양심과 법률에 따라 판결만 하면 됩니다. 그런데 이례적으로 현장에서 판사는 최태원 회장을 질타했습니다. 최태원 회장 입장에서는 많이 불리했던 판결 현장이었습니다. 우리나라는 삼심제도를 채택하고 있습니다. 2심은 최종심이 아닙니다. 대법원의 심리가 남아 있습니다.

II. 단어 및 한자 익힘

- 가사 : 살림살이에 관한 일.
    예시) 家事를 돌보기 위해 엄마는 직장을 관두셨다.
  * 가사 분쟁 : 가족이나 친족 사이에 발생하는 이혼, 재산 분할, 양육권 따위의 분쟁.
  家事 : 家(집 가) 事(일 사)

- 무형적 : 형체가 없는 것.
  * 유형 : 형상이나 형체가 있음. 무형 : 형상이나 형체가 없음.
    예시) 그는 아버지가 교수라 학업에 **無形的**인 도움을 많이 받았다.
  有無形 : 有(있을 유) 無(없을 무) 形(모양 형)

- 혼외자 : 혼인하지 않은 남녀 사이에 출생한 자녀.
    예시) 일본에서도 정치인의 **婚外子**가 뜨거운 이야깃거리다.
  婚外子 : 婚(혼인할 혼) 外(바깥 외) 子(①아들 자, ②자식 자)

- 부정행위(1) : 부부가 서로의 정조를 지키지 아니하는 행위. 흔히 간통을 이른다.
    예시) 옛날에는 **不貞行爲**로 형사적인 처벌을 받기도 했다.
  不貞行爲 : 不(아니 부) 貞(곧을 정) 行(행할 행) 爲(행하다 위)
  * 부정행위(2) : 올바르지 못한 행위.
    예시) 그는 시험 중 **不正行爲**가 드러나 벌칙을 받았다.
  不正行爲 : 不(아니 부) 正(바를 정) 行(행할 행) 爲(행하다 위)

- 상장 : 주식이나 어떤 물건을 매매 대상으로 하기 위하여 해당 거래소에 일정한 자격이나 조건을 갖춘 거래 물건으로서 등록하는 일.
  * 비상장 : (주로 일부 명사 앞에서 관형어로 쓰여) 어떤 목적물을 상품 시장이나 유가 증권 시장의 매매 대상으로 거래소에 등록하지 않은 것을 이름.
  * 상장회사 : 발행 주식을 증권 거래소에 내놓은 회사.
    예시) 아버지는 능력을 인정받아 **上場** 회사의 임원으로 역임하셨다.
  上場 : 上(위 상) 場(마당 장)

Ⅲ. 생각하기

이전투구(泥田鬪狗)라는 사자성어가 생각납니다. 진흙탕에서 싸우는 개라는 뜻으로, 자기의 이익을 위하여 비열하게 다툼을 비유적으로 이르는 말입니다. 소송으로 치닫는 이혼은 이전투구가 될 수 밖에 없습니다. 이혼은 자식들에게 죄를 짓는 것입니다.